# UNE ADOLESCENCE

# DU MÊME AUTEUR

*Lettres d'amour en Somalie*, Regard, 1985.
*Tous désirs confondus*, Actes Sud, 1988.
*Destins d'étoiles*, tomes 1 à 4, P.O.L./Fixot, 1991-1992.
*Monte-Carlo : la légende*, Assouline, 1993.
*L'Ange bleu : un film de Joseph von Sternberg*, Plume, 1995
*Madame Butterfly*, Plume, 1995.
*Une saison tunisienne*, avec Soraya Eyles, Actes Sud, 1995.
*Les Aigles foudroyés*, France 2 éditions/Robert Laffont, 1997.
*Mémoires d'exil*, France 2 éditions/Robert Laffont, 1999.
*Un jour dans le siècle*, Robert Laffont, 2000.
*Tunisie entre ciel et terre*, Mengès, 2003.
*La Mauvaise Vie*, Robert Laffont, 2005.
*Le Festival de Cannes*, Robert Laffont, 2007.
*Le Désir et la Chance*, Robert Laffont, 2012.
*La Récréation*, Robert Laffont, 2013.

Frédéric Mitterrand

# UNE ADOLESCENCE

ROBERT LAFFONT

*Ouvrage publié sous la direction de Betty Mialet*

© Éditions Robert Laffont, S.A., Paris, 2015
ISBN 978-2-221-11224-3

« La vie est un mensonge plus grand que les autres. »

Georges CLEMENCEAU

« J'aime beaucoup passer dans un endroit que je n'ai pas vu depuis longtemps. »

Georges PEREC

« La nuit n'en finit plus et j'attends que quelque chose vienne et je ne sais qui, je ne sais quoi. »

Petula CLARK

*Pour Alexandre*

# Avant-propos

Et voici qu'après tant d'années je n'arrive toujours pas à choisir entre le général de Gaulle et François Mitterrand ! C'est une contradiction sentimentale personnelle que je ne sais pas résoudre. Tout le monde est à peu près d'accord pour reconnaître qu'ils furent l'un et l'autre de grands acteurs de notre histoire, or j'étais un enfant qui aimait l'histoire de France durant la période où le général de Gaulle était président de la République et où François Mitterrand le défiait ouvertement, bien avant de devenir président de la République à son tour et de recueillir sans faiblir son héritage. Il semblerait aujourd'hui que beaucoup de Français perçoivent surtout la dimension romanesque de cet affrontement lointain et qu'il se fond désormais pour eux dans une seule mémoire collective. Mais que de péripéties, que de violence, que de rancœurs accumulées à l'époque où j'étais le neveu affectionné de tonton François et le partisan fervent

*Une adolescence*

du général de Gaulle ! Il fallait sans doute se mesurer au général de Gaulle pour se grandir au risque de ne plus pouvoir se débarrasser de son ombre ensuite, comme il fallait sans doute aussi feindre d'ignorer François Mitterrand pour tenter de le noyer dans la masse. J'ai été le témoin direct, certes bien modeste et dépassé par les événements, de cette bataille dont l'écho résonnait en permanence dans ma famille. Je me sentais perdu et déchiré et j'ai pris le parti d'aimer l'un pour mieux admirer l'autre, et vice versa selon les périodes et les circonstances. Je pensais que cela me permettrait de trouver une place libre et me donnerait le beau rôle en secret du jeune héros sans peur et sans reproche. Ça n'a pas très bien marché, puisque j'en suis toujours au même point. J'ai tenté à plusieurs reprises de sortir d'un tel dilemme, qui je le crains n'agite plus grand monde, pour comprendre ce que je n'ai pas encore compris. Comme lorsque j'ai écrit ce texte, il y a longtemps, que je l'ai relu, repris – à tel point qu'il est devenu un autre – mais sans en modifier le ton car il se lit avec les mots de l'enfance et que c'est à ce moment-là que tout s'est noué, de telle sorte qu'au fond je n'ai pas changé.

*1958 : Je suis gaulliste*

«Écoute, c'est le général de Gaulle qui parle!» Mon frère Olivier arrête notre jeu dans la cour de l'immeuble et tend la tête vers les fenêtres ouvertes des appartements du dessus, d'où la voix résonne entre les étages telle une cascade sonore. Il est attentif, un sourire aux lèvres, comme appelé par une aventure que je ne comprends pas, mais qui a l'air bien plus intéressante que de faire enrager la concierge Adrienne avec les petites bêtises ordinaires d'un jeudi morose. Il fait beau et chaud. Mon frère a quatorze ans, j'en ai dix, et il est le champion de ma vie quotidienne. Je sens qu'il se passe quelque chose d'important, et nous demeurons ainsi immobiles jusqu'à la fin du discours. De toute façon, cette voix m'intrigue; elle est puissante avec un timbre viril et solide, elle dit de longues phrases construites comme on me les enseigne au lycée où je viens de commencer le latin, les accents sont là et les syllabes se détachent

## Une adolescence

avec clarté ; rien à voir avec les autres voix de ce temps-ci, les nasillardes des actualités au cinéma, les endormantes des hommes politiques à la télévision. À la fin, la concierge Adrienne sort de sa loge, elle ne pense pas à nous demander ce que nous faisons là ; au contraire, elle a une connivence d'adulte avec mon frère : « Ah, tu as entendu, toi aussi, ça, c'est quelqu'un ! » J'aime beaucoup la concierge Adrienne, même quand on la fait enrager ; c'est une brave femme qui connaît la vie et aime les enfants.

Alors entre elle et Olivier, je n'ai pas le choix, je suis devenu gaulliste. Et puis cette voix est vraiment belle et je sais déjà que je ne l'oublierai pas. En revanche, pour juger ce dont elle parle, moi, je ne vois pas trop quoi dire. Pourtant le général de Gaulle ne m'est pas vraiment inconnu. Au lycée, à la maison, tout le monde en parle autour de moi depuis une quinzaine de jours. C'est venu brusquement et ça ne s'est pas arrêté. En cherchant dans mes souvenirs, j'ai même trouvé quelques repères personnels, histoire de ne pas avoir l'air trop ignorant et de pouvoir donner mon avis à la récréation. Par exemple, je l'ai vu à la télévision deux ou trois ans plus tôt.

C'était à une cérémonie militaire avec des drapeaux, des anciens combattants, et cette grande croix bizarre avec une deuxième barre en dessous

## 1958 : Je suis gaulliste

de la première, en plus petit. Il avait une très haute taille et portait un uniforme de général comme papy, mon grand-père maternel, un homme très admiré dans la famille. Quand j'ai demandé qui c'était, la dame qui s'occupait de moi a répondu : « Mais voyons, c'est le général de Gaulle... » Elle avait l'air un peu moqueuse, et puis elle m'a parlé du maréchal Pétain et m'a expliqué que maréchal, c'est plus que général. J'ai senti qu'elle ne l'aimait pas beaucoup, et comme je connaissais un peu la République, avec les ministres qui changent tout le temps sauf tonton François qui change juste un peu mais qui est toujours ministre, j'ai trouvé que ce général perdu quelque part dans un paysage de gloire brumeuse avait quelque chose de vaguement dérangeant.

Les enfants aiment l'ordre, et ce personnage ne cadrait pas avec la République, certes compliquée, mais bien en place, à laquelle j'étais habitué. J'aurais dû me méfier ; la dame qui s'occupait de moi me faisait peur et d'ordinaire, je refusais silencieusement ses jugements.

Une autre fois, on était allés à Montbéliard avec mon père et mes frères. J'avais tout le temps été malade, et comme je prévenais toujours trop tard, ça empestait le vomi dans la voiture et ils étaient tous furieux contre moi. Finalement, mon père a décidé de m'acheter de la Dramamine. On

*Une adolescence*

s'est retrouvés à Colombey-les-Deux-Églises à la recherche d'une pharmacie.

Mon père m'a dit : « C'est ici qu'habite le général de Gaulle ! », et mes frères ont repris en roulant des yeux terribles : « Tu te rends compte, le général de Gaulle ! » J'avais l'impression qu'on m'avait conduit chez le père Fouettard pour me guérir de ma vilaine maladie.

Mon père a dû sentir à quel point j'étais terrifié, il a dit que mes frères étaient stupides et m'a montré une grille avec un grand mur et de grands arbres derrière. C'était un peu comme à Jarnac, une belle propriété pour la famille et les vacances ; il a ajouté quelques détails intéressants comme quoi le général de Gaulle était un grand homme et qu'il avait sauvé la France, qu'il était très gentil et qu'il ne fallait pas avoir peur de lui. Dehors, il faisait froid et sec et mes frères étaient silencieux, je me suis senti mieux et on a repris la route. Je n'ai plus été malade jusqu'à Montbéliard, même si on n'a pas trouvé la pharmacie.

Deux ou trois petites choses encore ; avec mon père toujours, en face de l'hôtel Lapérouse, et il me dit : « C'est là que descend le général de Gaulle quand il vient à Paris. » Je sens à nouveau cette tendresse diffuse pour le personnage quand il évoque son nom. Mon grand-père, cette fois, écoutant la radio où on parle de la chute du gouverne-

## 1958 : Je suis gaulliste

ment : « Si ça continue, ils vont finir par nous ramener le Général ! » Venant d'un autre général, ça m'a fait plutôt bizarre. Un copain au lycée au moment de l'Indochine et de Geneviève de Galard, l'ange de Diên Biên Phu, qu'on admire toutes les semaines sur *Paris Match* : « Avec de Gaulle, qu'est-ce qu'ils auraient vu, les Viets ! » Ou bien quand on buvait pour le goûter le délicieux bol de lait sucré de Mendès France et que ça mettait un chahut de tous les diables parmi les classes, le même copain ou un autre avec leurs parents interchangeables à base de nœuds papillons et de permanentes : « Avec de Gaulle, on aurait eu du chocolat ! » La grande ombre planant sur l'enfance, mystérieuse et rassurante.

Pour moi, tout ça ne retire rien à tonton François, même si papa m'assure qu'il n'est pas d'accord avec de Gaulle, mais alors pas du tout d'accord, et qu'il est très mécontent de ce qui se passe. Heureusement que c'est un secret le discours qu'on a écouté dans la cour avec Olivier et Adrienne. Voilà, c'est le drame cornélien. Le prof de français nous a tout bien expliqué *Le Cid*, le conflit entre l'amour et le devoir. Je suis en plein dedans et je n'ai pas d'alexandrins à ma disposition pour exposer mon problème et trouver une solution. Alors je reste dans mon coin sans rien dire et ça tourne, ça tourne dans ma tête. Maman

## Une adolescence

a senti que j'ai quelque chose qui va pas, mais d'abord je réponds que non, tout va bien, et après je devine qu'elle est comme moi et que ça doit être dur aussi pour elle vu qu'elle a connu la guerre et qu'elle aime tonton François depuis qu'elle était jeune fille. Quand elle était allée au bal de Polytechnique avec papa, il lui avait demandé : « Et vous, mademoiselle, est-ce qu'il vous arrive de penser ? » Maman, il lui en faut plus pour la démonter, et ça lui avait plu, cette insolence d'un jeune homme qui pensait justement à trop de choses un peu bizarres avec ses copains royalistes. Papa, je lui avoue rien, puisqu'il préfère tonton François à tout, peut-être pas à ses enfants quand même, et encore j'en suis pas sûr. Lorsque je lui apporte mon bulletin en tremblotant, la seule façon de s'en sortir sans trop de dégâts, c'est de lui rappeler que tonton François, il avait pas non plus de très bons bulletins quand ils étaient en pension ensemble à Angoulême. Effet garanti : papa devient comme l'émir dans *Tintin* quand il parle de son fils, le petit cheik Abdallah qui fait que des bêtises. Un vrai démon, le petit Abdallah, tout mignon mais complètement insupportable, toujours à faire enrager le capitaine Haddock et les Dupont Dupond avec ses mauvaises farces. L'émir l'appelle son petit oiseau des îles, son chérubin chéri avec la larme à l'œil et il lui pardonne

## 1958 : Je suis gaulliste

ses diableries. Évidemment, tonton François, il était pas si méchant à la pension des bons pères à Angoulême, où il paraît que les garçons s'embrassaient sur la bouche parce que c'était pas mixte, mais enfin il avait pas de bonnes notes, il répondait aux maîtres, il faisait le monsieur Je-Sais-Tout et ça excitait le préfet des études. Alors papa, comme l'émir, écrivait de longues lettres à ses parents pour prendre sa défense et leur promettre que ça allait s'arranger. Il suffit de mettre papa sur les rails pour qu'il s'en souvienne et il regarde alors mon bulletin d'un autre œil. Le même que l'émir sur ce petit monstre d'Abdallah. Malheureusement, il commence à connaître la manœuvre et ça ne marche plus aussi bien à chaque coup.

De toute façon, tonton François, c'est la star de la famille. Même si papa a suivi de belles études et dirige plein d'affaires importantes et si oncle Jacques a un haut grade dans l'armée avec plein de décorations, à côté de tonton François, ça ne compte pas. Papa le reconnaît bien volontiers et il en est même tout content. Oncle Jacques le reconnaît aussi, mais ça n'a pas l'air de lui plaire tellement ; il vaut mieux pas insister, il pourrait mordre. Maman pense qu'il a toujours été jaloux de tonton François et qu'il préfère le général de Gaulle. Ça me semble un peu bizarre parce qu'il ressemble beaucoup à ses frères : il est très intelligent et il

## Une adolescence

déteste qu'on l'embrasse. Oncle Philippe, je sais pas, il est resté en Charente ; il chasse avec des grands chiens, il a une jolie maison attaquée par les termites, une femme adorable et des enfants qui sont super gentils pour des cousins ; il fait aussi un peu de politique dans son département, mais c'est loin ; il est tranquille, sympa, il fait pas de vagues. C'est triste, on le voit pas beaucoup.

Du côté de chez maman, c'est plus compliqué à expliquer. On est pas pour de Gaulle et plutôt pour tonton François, mais c'est vague, on en parle presque jamais. Mamie dit que le général de Gaulle est une grande figure, ça ne va pas plus loin. Papy dit que tonton François finira président de la République, il se ressert un petit whisky et il bourre de chocolats Achille, son horrible épagneul papillon, en déclarant que c'est le seul grand amour de sa vie. C'est pas très aimable pour mamie, mais elle a l'habitude et elle sait que c'est pas vrai, que c'est juste pour changer de conversation. Pourtant papy est général, il a eu des citations formidables, mais de Gaulle, il a l'air de s'en méfier. C'est peut-être parce qu'il a pas été à Londres et qu'il est allé à Vichy quand il est sorti de son camp de prisonniers. C'est d'ailleurs là que papy et mamie ont rencontré tonton François et qu'ils se sont beaucoup occupés de lui parce qu'il s'était évadé et connaissait encore personne. Mamie m'a

## 1958 : Je suis gaulliste

raconté qu'il avait rien à se mettre et qu'elle lui avait donné d'abord des vêtements de fille qu'elle avait trouvés pour lui au Secours catholique. Il était très maigre, c'était la troisième fois qu'il avait traversé toute l'Allemagne la nuit, pour ne pas qu'on l'attrape, à pied, dans le froid à travers les forêts, à manger seulement des racines. C'est pour ça qu'elle l'a toujours admiré, pour cette volonté féroce d'être libre. Ça me fait penser aux histoires de l'oncle Paul dans *Spirou* et je suis sûr que j'aurais pas eu autant de courage que tonton François. Mamie parle d'ailleurs un peu du temps où elle était à Vichy, pas pour les bons souvenirs parce qu'il n'y a pas de bons souvenirs de la guerre et qu'on en a encore peur aujourd'hui, surtout quand on est un garçon de mon âge qui vit bien tranquille, mais parce qu'elle ne voulait pas rester à Paris. À cause de son plus jeune fils, mon parrain, l'oncle Bernard, qui était adolescent et courait partout pour aider à déblayer les bombardements. C'était un casse-cou terrible, elle craignait qu'il se fasse entraîner et qu'il s'en aille avec la Résistance, déjà qu'il se foutait des soldats allemands quand ils défilaient et qu'elle avait dû aller le chercher à la Kommandantur. Une petite femme de rien du tout pour sortir un chenapan des griffes des SS, elle en tremblait encore. Après, parce que, sur le moment, elle n'avait pas tremblé ; mamie est

*Une adolescence*

quelqu'un qui s'inquiète après, quand c'est fini, mais jamais pendant, elle pourrait déplacer des montagnes quand il y a une injustice. Pour Bernard, il a bien fallu qu'elle se fasse une raison ; elle l'avait mis en sécurité finalement chez des paysans en Bretagne pour qu'il bouge plus. Il avait seize ans et ça s'est terminé à coups de fusils : il a couché avec la fermière, le mari l'a poursuivi avec un tromblon et il s'est enfui dans le maquis. Total, la $2^e$ DB, la campagne d'Allemagne, la médaille militaire, toute la famille très fière de son héros. Maintenant il est reporter dans les courses automobiles, très réputé ; il me refile des polos et des stylos Ferrari que je revends au lycée. Un gentil petit business.

Mamie m'a aussi raconté qu'elle avait très vite compris que tonton François était dans la Résistance et qu'il y avait un réseau clandestin dans l'administration où il avait trouvé du travail. Papy, qui était aussi dans l'administration à Vichy, au département du ravitaillement, insiste toujours mamie pour pas qu'on se fasse des idées désagréables, il était au courant, mais il faisait celui qui veut pas savoir. Papa m'a montré plusieurs fois la photo où on voit Pétain qui décore tonton François avec la francisque, la Légion d'honneur du maréchal en somme, en me précisant que ça veut rien dire, il en rit même comme si c'était une

## 1958 : *Je suis gaulliste*

farce. En fait, c'était du camouflage. Papa déteste qu'on soupçonne tonton François de ne pas avoir été vraiment résistant parce qu'il jouait un double jeu à Vichy. D'ailleurs, maman m'a aussi raconté comment la Gestapo le poursuivait quand il a été démasqué et qu'il lui avait soufflé un jour qu'elle l'avait vu dans la rue : «Change de trottoir, tu ne me connais pas.» Moi, je sais que mes parents disent la vérité, il y a une manière de raconter le passé qui ne trompe pas. Et puis, ils nous ont jamais menti à mes frères et à moi, même quand ils nous ont expliqué qu'ils allaient se séparer mais qu'ils resteraient amis. Ce qui est sûr aussi, c'est que l'exemple de tonton François a cimenté la famille et que c'est pour ça qu'on est toujours avec lui. Moi, bien sûr, je le critique un peu, en douce, mais c'est surtout parce qu'on est obligés de le suivre et qu'il s'arrête jamais pour nous sourire, nous dire un mot vraiment gentil à mes frères et à moi. On n'a pas connu ces moments où il prenait mamie sur le guidon de son vélo et pédalait à perdre haleine à travers les collines autour de Vichy ; elle lui disait : «Arrêtez! Arrêtez, François! On va avoir un accident!», et il continuait toujours plus vite dans les descentes en riant et elle était contente au fond. Elle était alors bien jolie, mamie, j'ai vu des photos de ce temps-là. Il y avait pas tellement de différence d'âge. Je me dis que

23

*Une adolescence*

papa regrette parfois que tonton François, il soit pas resté avec le général de Gaulle, puisqu'il l'avait pris avec lui dans son premier gouvernement quand c'était encore la guerre. Mais il l'avouera jamais. En tout cas, ça m'aurait bien arrangé.

Il y a plein d'autres mystères pour moi dans cette histoire, et quand je pose des questions, on me répond que c'est pas de mon âge et que je comprendrai plus tard. Entre le petit whisky et Achille, je me doute qu'il y a des trucs qui rendent papy malheureux depuis cette époque et qu'il ne veut pas en parler. En tout cas, ce qui est sûr, c'est que mamie et lui, ils aiment tonton François comme un fils et qu'il les venge de quelque chose : les deux guerres où ils ont beaucoup souffert, les secrets que je comprendrai plus tard. Avec tante Mercedes, la sœur de papy qui est devenue milliardaire en Amérique après la guerre et qui m'appelle son petit flirt, c'est encore plus étrange. Elle a un mari bien plus jeune qu'elle et qui ressemble à Tino Rossi, des diamants, des manteaux de fourrure, un yacht et des appartements partout, mais elle déteste de Gaulle et adore tonton François. Dans la famille, on dit avec des soupirs d'admiration que sa vie est un roman avec des complots, des bombes et des assassinats, de la prison, des types dangereux qui fricotaient avec les Allemands, mais là encore, mystère, on tourne les pages sans que j'aie le temps de les lire. Mes frères n'en savent pas beaucoup plus que moi et ils s'en fichent un peu ; quand ils regardent dans le rétroviseur à propos de tante Mercedes, ils se contentent de me dire en rigolant que les extrêmes se touchent. Je suis bien avancé.

Tonton François, il est toujours avec nous puisque papa parle tout le temps de lui. En même temps, c'est flou, je pourrais pas faire son portrait ; ou il passe à la maison en coup de vent et il a pas le temps de nous parler, à mes frères et à moi qui suis vraiment trop petit pour l'intéresser, ou on le voit juste un peu à la télévision avec plein de gens autour de lui, il a l'air préoccupé et de mauvaise humeur et il a sans doute autre chose à penser qu'à nous faire un petit bonjour. Quand je cherche à retrouver une image qui serait bien nette, c'est avec maman que ça se passe. J'ai cinq ou six ans, elle m'emmène dans la Peugeot 203 noire et elle porte un tailleur gris Nina Ricci avec des revers de soie sombre. Je retiens le nom car je la trouve tellement belle et lui ai demandé : « Où on va ? », puisqu'elle s'est mise si élégante. « Oh, c'est pour faire honneur à ton oncle. » On arrive dans une sorte de palais où un monsieur en habit avec une grande chaîne en argent qui lui descend des épaules accueille maman en inclinant la tête très bas. Il nous conduit à travers plusieurs salons

*Une adolescence*

où il y a des gens qui attendent. Je suis très intimidé, maman me tient la main, je sens son parfum. Le monsieur avec la chaîne aussi sans doute, je me dis qu'il ne doit pas être habitué et que ça doit lui faire autant plaisir qu'à moi. Il arrive devant une porte à deux battants et nous dit comme s'il nous confiait un secret : « C'est le bureau du ministre. » Il frappe à la porte, il ouvre et il déclare : « Monsieur le ministre, votre visiteuse est là. » La pièce est immense, ses portes-fenêtres ouvrent sur un parc, il y a des tâches de soleil sur les tapis et là-bas, dans l'ombre, tonton François qui se lève derrière un grand bureau. Maman et lui s'embrassent. Le monsieur à la chaîne m'a désigné un fauteuil un peu à l'écart. Maman m'a recommandé d'être bien sage et je n'entends pas ce qu'ils se disent, tonton François et elle. Ils parlent très bas. Après un moment, tonton François raccompagne maman qui me prend par la main. Elle a l'air émue, il lui dit sur un ton très gentil : « Ne t'inquiète pas, tout se passera bien. » Puis vers moi avec un vrai sourire : « Et toi tu continues à bien travailler à l'école pour que je sois fier de toi. » Le reste, après, je m'en souviens plus. Quelques jours plus tard, quand je rentre de classe, maman n'est plus à la maison. Elle était venue voir tonton François pour lui annoncer qu'elle allait quitter papa.

## 1958 : *Je suis gaulliste*

De toute façon, mai 58, c'est une fête, et j'ai l'impression de grandir d'un seul coup. De fortes intempéries amoureuses – c'est aussi un peu la météo dans la famille – ont désorganisé la vie de la maison, déjà séparée en deux et depuis longtemps par le divorce de mes parents. La situation a des avantages : je passe du temps chez papa qui est très occupé par son travail et ce qu'il appelle « la situation politique », je profite aussi de maman car la dame qui s'occupait de moi a disparu dans la tourmente. Bien sûr, je regrette le deuxième mari de maman, mon deuxième papa qui n'est plus là et qui m'emmenait manifester contre les Russes, les bourreaux de la Hongrie, mais enfin tout cela me dépasse et je me prépare pour le troisième. Je sens bien qu'il n'est pas loin. Avec mes frères, on s'entend encore mieux qu'avant. Pour l'ambiance, c'est plus comme d'habitude, il y a de l'anarchie dans l'air, je fais enfin un peu ce que je veux, et l'arrivée soudaine de l'actualité brûlante sur la modeste scène de nos agitations familiales ne peut qu'arranger mes petites affaires.

Vivant à deux pas l'un de l'autre, mes parents ne cessent de se consulter pour savoir ce que pense et ce que va décider tonton François. Si on se pose ce genre de questions, c'est qu'il doit se passer des événements très graves. En Algérie, par exemple, puisque maman passe des heures à essayer de joindre Alger où le futur troisième s'est retrouvé coincé. Mais les communications sont rompues, les demoiselles du standard ne peuvent rien faire, il règne une atmosphère fiévreuse et menaçante comme on m'a raconté la guerre, et moi, je vois, avec une stupéfaction désolée, ma mère qui s'énerve et qui pleure en tournant pour la millième fois le doigt sur le cadran. Or l'Algérie, c'est la France, il y a des départements, des Français comme nous qui ont un accent un peu comme dans le Midi, et d'autres Français presque comme nous qui veulent le devenir tout à fait. C'est ce qu'on voit à la télévision où il y a toutes ces foules qui s'embrassent et qui chantent « La Marseillaise » et c'est encore plus beau au cinéma, pendant les actualités, avec les spectateurs qui applaudissent dans le noir, quand il est question du général de Gaulle. Je vais souvent voir des films, puisqu'on ne me surveille même plus quand je signe moi-même les dispenses pour le sport ; surtout au petit cinéma qui n'est pas cher sur les Champs-Élysées, au cas où ailleurs il y aurait des attentats. Enfin, ailleurs, sur les Boulevards ou au quartier Latin, c'est sûr que les gens applaudissent aussi quand on passe les actualités.

Chez papa, il y a toujours du monde, et le seul moment où on fait attention à nous, mes frères et moi, c'est quand il y a le journal télévisé. « Mais

## 1958 : Je suis gaulliste

enfin, ces gosses ne peuvent pas se taire, ils sont vraiment insupportables ! » C'est pas vrai qu'on est insupportables, on est même très intéressés : toute cette vie soudain sur le petit écran, ce soleil, cet enthousiasme. Je ne saisis pas bien le scénario, mais je sens bien que le film est passionnant avec un grand acteur qui écrase tous les autres. Mes frères m'expliquent un peu : la guerre, les Arabes, les colons, de Gaulle qui va arranger les choses et réconcilier tout le monde. Quand même, ces types qui montent à l'assaut des bâtiments officiels à Alger, ça a un air de revanche et de rébellion qui réchauffe le cœur ; et s'il se passait la même chose au lycée ? Papa est le seul à ne pas avoir l'air trop content ; l'ancienne tendresse s'est évanouie ; il répète « Pflimlin n'a qu'à tenir bon » ; moi, Pflimlin, je le trouve triste. Le seul que j'aime bien, c'est Félix Gaillard parce qu'il a l'air jeune et qu'il vient d'avoir un enfant en étant président. Mais j'y connais rien, Félix Gaillard a disparu comme tous les autres et le seul qui compte maintenant, c'est le général de Gaulle. Les autres, d'ailleurs, ils ont disparu d'une manière bizarre, « en retournant leur veste », ce qui confirme ce qu'on m'a toujours dit sur l'obligation de garder ses habits bien en ordre. Mais comme tout cela est compliqué : ceux qui ont disparu, on ne voit plus qu'eux et ils vont devenir ministres, tandis que tonton François, qui

## Une adolescence

n'a pas «retourné sa veste» et n'a donc pas disparu, on ne le voit plus nulle part, et lui qui était ministre à temps complet, il ne va plus l'être du tout. Enfin, ainsi que me l'a dit la vieille demoiselle qui tente vainement de m'apprendre le piano : «Je suis bien contente pour le président Coty, ils allaient le faire mourir de chagrin avec toutes leurs histoires.»

Mon frère Olivier s'en fout du président Coty; il ne l'aime pas, puisqu'il a laissé guillotiner Jacques Fesch. On avait regardé tous les deux Max-Pol Fouchet à la télévision qui demandait sa grâce et ça nous avait complètement chamboulés, ce type bien dont on avait jamais entendu parler, et qui se donnait tant de mal pour sauver un gosse perdu qui avait flingué un flic dans la panique d'un braquage raté. Mon frère Olivier sait tant de choses : pourquoi on vient de massacrer le roi Fayçal d'Irak le jour du 14 juillet comme fait exprès; comment le *Nautilus* a réussi à passer sous le pôle Nord; où se trouvait l'arsenic chez Marie Besnard, dans les rideaux et les tapis et pas dans les Petits Lu que la bonne dame de Loudun servait avec le thé. Pourtant quand je lui demande pourquoi le général de Gaulle a déclaré : «Je vous ai compris» devant la foule à Alger au lieu de quelque chose de plus précis, il me répond que je suis trop jeune pour saisir le symbole. C'est marrant, les enfants,

## 1958 : *Je suis gaulliste*

ça devine tout un tas de trucs, mais vaguement et sans savoir expliquer. De toute façon, on est à La Croix-Valmer, il fait très chaud et les vacances continuent sans le feuilleton. Les grandes personnes se félicitent qu'on ait reconquis l'Algérie et parlent maintenant de la Constitution. Je vois bien que c'est comme pour les rois, il va y avoir une nouvelle république avec un autre chiffre et pour nous, les enfants, tout retombera comme avant. Il y a un ami de tonton François à la maison, il roule en Vedette et, autrefois, ils étaient dans le même camp de prisonniers en Allemagne. C'est donc un type sympathique, mais il est encore plus pessimiste que moi ; il dit qu'avec de Gaulle ce sera pire que sous les rois et je vois bien qu'en l'écoutant ma mère hésite un peu pour savoir s'il faut dire oui ou non quand on va demander leur avis aux Français.

La rentrée des classes est pour le 1$^{er}$ octobre, mais comme il faut répondre à la question du général de Gaulle à propos de sa Nouvelle République, on rentre un peu plus tôt, à cinq serrés dans la Dauphine, avec maman, son fiancé, le futur troisième et mes frères. C'est la nuit et je m'endors en les entendant qui parlent du journal *L'Express* et du bloc-notes d'un écrivain sur qui j'ai fait des rédactions : François Mauriac. Il semble qu'il ne soit pas d'accord avec les autres écrivains du

## *Une adolescence*

journal, et eux, les adultes dans la voiture ils n'ont toujours pas l'air très sûrs de ce qu'ils vont répondre. En arrivant à Paris, au petit matin, il y a de grandes banderoles pour remercier les gens de faire leur « devoir électoral » et partout des affiches avec marqué OUI pour pas qu'on se trompe. Ce qui est sûr, c'est que ça doit être vraiment très important, car maman a décidé de ne pas aller au « bal des Belles » où elle a été invitée pour la sortie d'un film avec Michèle Morgan où, justement, elle est très laide, et puis on lui fait une opération et elle redevient Michèle Morgan. La situation est beaucoup trop sérieuse pour qu'on ait envie d'aller au bal, dit maman, et moi qui me sens tout fier de cette invitation, j'ai l'impression qu'on débarque en plein drame. C'est mon grand frère, Jean-Gabriel, qui ira à sa place avec une petite amie à qui maman a prêté sa robe. En somme, ils ont tous des choses excitantes à faire tandis que mon seul horizon, c'est la rentrée en cinquième et les cours de latin où je suis nul. On comprendra que, vu mon état d'angoisse après ces mois d'euphorie, le référendum, je ne le vois finalement passer que dans un brouillard.

En revanche, les élections, deux mois plus tard, je les subis avec douleur. Au lycée, mes camarades sont tous pour de Gaulle. Moi aussi, bien sûr, mais je suis autant pour tonton François qui est devenu

## 1958 : *Je suis gaulliste*

pareil que les communistes, un ennemi des gens qui veulent le progrès et la liberté. Comme je refuse de choisir, ça entraîne plein de bagarres et mon frère Olivier est obligé de venir me défendre à la sortie. Après, c'est encore pire ; tonton François n'a pas été élu à l'Assemblée nationale ; il ne sera même pas député, ce qui est moins bien que ministre, mais tout de même pas mal encore ; évidemment, « il n'est pas le seul dans son cas », comme me l'a dit papa avec un air de fierté farouche, mais enfin, sauf les communistes qui rendent les gens si malheureux, les autres je les connais pas. « Pense à Victor Hugo avec Napoléon III », a renchéri mon frère Jean-Gabriel qui est très instruit et qui me force toujours à réfléchir à plein de choses avec son humour mélancolique et son inépuisable collection de *Cinémonde* où il y a des concours Mylène Demongeot contre B.B. Malheureusement pour moi, Victor Hugo, ce sont des récitations, et Napoléon III n'est pas encore au programme alors que mon frère en est déjà presque au bac. Pour Mylène Demongeot contre B.B., je ne sais pas non plus, d'ailleurs. Moi, je préfère Martine Carol parce qu'elle a l'air malheureuse et qu'elle a des problèmes avec ses maris, comme maman quand elle est triste.

En plus, il faut supporter les ricanements de ceux qui racontent que tonton François ne l'a pas

*Une adolescence*

volé et que c'est bien fait pour lui ; j'ai beau prendre des petits cours, même les profs se mettent à parler du renouveau de la France de Dunkerque à Tamanrasset en me fixant comme si j'étais un obstacle qu'il faut anéantir pour tracer cette belle ligne géographique. Il n'y a que le prof de gymnastique pour me soutenir dans cette épreuve, mais, manque de pot, il est noir et communiste et je suis aussi complètement nul en gymnastique. L'année s'achève mornement, chargée de menaces et d'incertitudes ; je me console un peu en allant voir en douce au cinéma *Un barrage contre le Pacifique* avec Anthony Perkins qui ressemble vraiment à mon frère Jean-Gabriel, en Scope couleur, et en marchant sur les papillons de papier où il y a marqué UNR[1], aussi nombreux que les feuilles mortes à joncher les trottoirs de l'avenue Henri-Martin, devant la mairie du XVI<sup>e</sup>.

---

1. L'Union pour la nouvelle République est le parti qui fut créé en 1958 pour soutenir le général de Gaulle.

## *1959 : Un secret entre le général de Gaulle et moi*

Cette fois, il n'y a pas de doute, le vrai président, c'est le général de Gaulle. Il vient de raccompagner René Coty jusqu'à l'Arc de triomphe, et puis ils se sont serré la main pour se dire au revoir et chacun est reparti de son côté. Le général de Gaulle à l'Élysée et Coty au Havre, dans son pays. Comme on regardait la télévision, mon frère Jean-Gabriel a dit : « Le pauvre, il est vraiment tout seul, maintenant. » Il parlait de Coty, j'en avais oublié Jacques Fesch, c'est vrai que c'était triste, ce vieux type qui s'en allait comme quelqu'un qu'on met bien poliment à la porte, même s'il souriait sans arrêt et avait l'air très content d'en avoir terminé avec tous ces problèmes ; j'ai vu sur *France-Soir* où il allait habiter, un petit appartement sur la mer avec des voisines qui sont rudement fières d'avoir un monsieur important sur le même palier. En fait, c'est drôlement moche, dans le genre moderne comme à Royan, sauf que c'est au Havre où il

*Une adolescence*

pleut encore plus; franchement, moi, comme ancien président, j'aurais demandé une maison sur la Côte d'Azur avec un jardin plein de fleurs ou alors je serais allé à Colombey-les-Deux-Églises, puisque c'est libre à présent et qu'il y a un grand parc et que c'est à la campagne. Enfin quelque chose dans ce genre, car il paraît que le général de Gaulle, il veut quand même retourner à Colombey pour les week-ends. En plus, pour lui faire la cuisine, il n'y a même plus Mme Coty que tout le monde aimait tellement au point que la télévision avait arrêté ses programmes le soir de sa mort, «en signe de deuil», comme l'avait dit Catherine Langeais, l'ancienne fiancée de tonton François qui a gardé toutes ses lettres d'amour. Ça, maman le redit chaque fois qu'on parle de Catherine Langeais : «Ton oncle lui a écrit de si belles lettres.» Je ne sais pas comment maman a su que tonton François lui écrivait de si belles lettres, à Catherine Langeais. C'est bizarre, elles ne devaient pas traîner partout. Soit il lui en a montré quelques-unes avant de les envoyer, pour avoir l'avis d'une autre jeune fille sentimentale, soit il lui en a écrit à elle aussi avant qu'elle se marie avec papa, au cas où, pour tenter sa chance. Mais alors ce serait tellement énorme que j'ose même pas y penser. De toute façon, c'était il y a très longtemps, avant la guerre et ni Catherine Langeais ni maman s'appelaient

*1959 : Un secret...*

pareil que maintenant. Ça me fait toujours un peu drôle quand je vois la « fiancée de tous les Français » en speakerine à la télévision parce qu'elle est encore pour moi la fiancée cachée de tonton François et que je suis sûr qu'elle regrette de l'avoir quitté alors qu'il était prisonnier en Allemagne. Quand je regarde « La Séquence du spectateur » et que j'entends sa voix qui commente les nouveaux films, même ceux que je n'ai pas le droit de voir, j'ai l'impression qu'elle me chuchote un secret de famille à l'oreille. Un peu comme lorsqu'on est allé voir *Souvenirs perdus* au cinéma avec maman, un film rigolo où il y a un moment dramatique, celui où Gérard Philippe étrangle une pauvre orpheline, et que maman a dit à la sortie : « Quel joli petit chat, cette Danièle, je comprends ton oncle François. » Moi je ne voyais pas pourquoi elle me parlait de tante Danielle, mais ça a quand même fait tilt dans ma tête, et comme, mine de rien, j'avais l'air super intéressé, maman s'est ravisée et n'a pas voulu m'en dire plus. C'est Catherine Langeais justement qui m'a donné la clef du mystère quand elle m'a confié dans « La Séquence du spectateur » quelques jours plus tard que la pauvre orpheline étranglée par Gérard Philippe s'appelait Danièle Delorme. Après j'ai fait le malin devant maman en lui disant comme un conspirateur que j'avais enfin tout compris.

*Une adolescence*

Maman était un peu gênée mais elle a ri, elle m'a passé la main dans les cheveux et elle m'a glissé tout doucement : « Oh tu sais ce n'est pas grave, ton oncle François, c'est un gratteur de mandoline ! » Ça m'a rassuré, je préférais ça à l'idée que tonton François puisse étrangler tante Danielle. De toute façon, je sais que le général de Gaulle, c'est absolument pas comme Coty. Il n'y a pas de doute là-dessus. Je pourrais pas citer un mot de Coty, alors que le général de Gaulle, tout le monde passe son temps à l'imiter en prenant sa grosse voix et en mimant ses gestes, et puis on le voit partout, à la télé, dans les journaux et il paraît qu'ils sont pas vraiment libres de montrer quelqu'un d'autre. Chaque fois qu'il y a des invités à la maison, ça recommence ; le Général par-ci ; le grand Charles par-là, et Tante Yvonne quand il y a un petit blanc dans la conversation. D'ailleurs, il fait ses conférences à l'Élysée comme pour qu'on s'exerce à l'imiter ; elles ont l'air très sérieuses, et après, chaque fois, il y a ce qu'on appelle des réactions, mais en fait il faut pas s'y fier, elles sont aussi très marrantes ses conférences et les journalistes, ils passent de bons moments à rigoler. Les gens qui n'aiment pas le général de Gaulle – il y en a quand même et j'ai l'impression qu'ils viennent tous à la maison –, ça les agace beaucoup qu'il mette les journalistes dans sa poche ; en même

*1959 : Un secret...*

temps, ceux qui n'aiment pas le général de Gaulle s'ils faisaient aussi des conférences, ce serait pas à l'Élysée et c'est sûr qu'il y aurait pas tant de monde pour les écouter. Papa, je suis sûr qu'il pense aussi comme moi. Autrement il ne lirait pas toutes les semaines « La Cour » dans le *Canard enchaîné* où on raconte tout ce qui se passe à l'Élysée comme si on était chez Louis XIV avec le général de Gaulle portant une grande perruque, Tante Yvonne en « Madame de Maintenant », et un style pareil que les mémoires de ce temps-là dans le *Lagarde et Michard*. Ça le fait beaucoup rire et moi je sais que quand on se moque des gens pour faire rire sur ce ton-là, c'est aussi parce qu'on les aime quand même un peu.

En plus, avec sa nouvelle Constitution, sa nouvelle République, ses nouveaux ministres et ses nouveaux députés qui font que ce qu'il veut, il donne l'impression que tout le reste est ancien, bon à jeter. Comme je mène, moi aussi, une nouvelle vie avec tous les changements qu'il y a à la maison, évidemment, je me sens assez d'accord avec lui. C'est quelque chose que je ne peux pas avouer autour de moi, personne comprendrait et ça fait une sorte de secret entre le Général et moi. C'est peut-être pour ça que j'aime pas, au fond, qu'on se moque de lui et qu'il m'intéresse tellement ; je suis toujours à l'observer dans mon coin, à regarder des vieux bouquins sur la guerre où il

## Une adolescence

est question de la Résistance, de l'appel du 18 Juin. Mais j'ai du mal à recoller les morceaux, et sur ce qui se passe maintenant, je suis complètement en dehors du coup.

La Communauté, par exemple, est-ce que c'est comme le Commonwealth avec l'Angleterre ? J'ai tellement entendu dire que les Anglais se débrouillaient mieux que nous pour les colonies, ça ne m'étonnerait pas que le général de Gaulle ait décidé de faire enfin pareil pour régler tous les problèmes. Le système idéal, en gros, c'est de les laisser se débrouiller toutes seules à condition que la France reste le chef et prenne les décisions quand c'est important. Au lieu qu'il y ait la reine Élisabeth, il y a le général de Gaulle, et c'est vraiment aussi bien. Moi qui avais la réputation d'être incollable sur les capitales et les noms de chefs d'État, il va falloir que je fasse un sacré effort pour me remettre à niveau. Ils ont des beaux noms, d'ailleurs, ces présidents qui viennent voir le général de Gaulle : Léon Mba, Moktar Ould Daddah, Sylvanus Olympio, M. Tsiranana et l'abbé Fulbert Youlou qui est un peu comme le chanoine Kir en noir et a, paraît-il, au moins quarante femmes qui l'attendent à la maison. Ça me laisse rêveur, un abbé en soutane qui est devenu président et qui a plein de femmes. Pour mes copains

## 1959 : Un secret...

de lycée, ça semble tout à fait normal, ils parlent des « rois nègres » en se fichant d'eux et je ne saurais pas dire pourquoi, mais je trouve ça choquant. Puisque le général de Gaulle les traite comme des présidents et qu'il est tout de même leur chef, il doit bien y avoir une raison valable. Il connaît bien l'Afrique, le général de Gaulle ; il y est allé quand c'était la guerre ; j'ai vu des photos où il porte un casque colonial comme dans *Tintin au Congo* et il y est même retourné l'année dernière, à Brazzaville qui porte le nom de l'homme qui a libéré les esclaves, ça, je l'ai lu aussi dans *Spirou*. En somme, pour l'Afrique, je suis sûr qu'il sait très bien comment s'y prendre et qu'il y a pas de quoi en rigoler. Du reste, quand on dit Houphouët-Boigny ou Senghor, tout le monde reste sérieux. Mais là, c'est aussi un peu compliqué à comprendre ; papa m'a dit : « Houphouët, c'est ton oncle qui l'a découvert, il ne faut pas l'oublier. » Ainsi donc, avant, tonton François a fait un peu comme le général de Gaulle quand il était pas encore revenu et je retombe toujours sur la même question : mais enfin, ces deux-là, pourquoi est-ce qu'ils ne s'entendent pas ?

Bon, il y a tout de même eu un petit couac avec l'Afrique quand le président de la République de Guinée, un certain Sékou Touré, a dit au général de Gaulle qu'il n'en voulait pas, de sa communauté,

*Une adolescence*

et qu'il mettrait les Français à la porte de son pays. C'est un ingrat, ce type-là, et il a dû se faire monter la tête par les communistes. Le général de Gaulle, il a pas du tout apprécié qu'un ancien facteur lui chante «Return to Sender», comme Elvis Presley, mais avec insolence et sur un ton méchant. Il a donc décidé de couper tous les ponts illico presto et de laisser ce type désagréable se débrouiller tout seul pour lui apprendre à vivre. Je n'ai pas osé demander à papa si ce Sékou Touré mal embouché, tonton François l'avait aussi découvert, mais j'ai lu quelque part que tonton François prenait sa défense. Comme quoi le général de Gaulle avait pris de grands airs pour lui vendre sa communauté et que l'autre s'était senti humilié. Moi je ne sais pas qui a raison et qui a tort dans cette histoire, mais papy, mon autre général qui a aussi beaucoup d'affaires en Afrique, il penche pour le général de Gaulle : «Tous ces cannibales, ils voudraient nous bouffer! Halte-là, c'est pas prêt, le couvert n'est pas mis, le poulet n'est pas cuit!»

Heureusement, tonton François est devenu sénateur; c'est presque aussi intéressant que député, et puis ça dure plus longtemps. Le mauvais côté des choses, car il y a toujours un mauvais côté des choses, c'est qu'il va falloir encore choisir, et moi, je ne veux pas choisir.

*1959 : Un secret...*

Depuis qu'il a retrouvé une bonne place, enfin, tonton François vient encore plus souvent chez papa. C'est pour ses réunions secrètes avec des gens importants et il faut que personne soit au courant, surtout pas les journalistes. C'est tonton François qui préfère, ou ceux qu'il rencontre, ou les deux qui sont d'accord. Ça se passe au petit salon où d'habitude on regarde le ski à la télé avec mes frères. Papa ne nous dit rien, bien sûr, mais comme il fait attention à nous envoyer chez maman, on se doute de quelque chose. Maria, la bonne espagnole avec qui je suis super copain depuis que je lui ai dit que j'aime les films de Sara Montiel, me raconte un peu quand même. C'est elle qui sert le thé pour ces messieurs. Bien sûr, elle connaît pas les noms, mais elle fait la description, et moi, je joue Sherlock Holmes. Par exemple, le vieux monsieur avec un chapeau rond et une petite moustache, j'en mettrais ma main à couper que c'est Pinay ; le chauve qui n'a qu'un bras avec un nœud papillon, c'est Le Troquer, le président de la Chambre des députés. Pour lui, papa s'est quand même un peu trahi. Comme on le voyait au journal télévisé, il nous a dit qu'il était venu à la maison il y a pas longtemps, en précisant, histoire qu'on s'amuse un peu : « C'est le seul manchot qui touche des deux mains. » À ce stade, je sais pas encore très bien ce qu'il touche, il me

*Une adolescence*

fait penser à cet acteur qu'on voit dans les films rigolos, une vieille ganache indignée qui a toujours l'air de sursauter, Noël Roquevert, mais avec des bras et des cheveux. Il faut dire que je retiens les génériques par cœur. Encore quelques mois et j'apprendrai ce qu'il touche, mon Noël Roquevert des rendez-vous secrets avec tonton François. Des rats de l'Opéra, des petites jeunes filles, enfin plus ou moins, parce qu'elles avaient l'habitude d'être gentilles avec tout un tas de vieux dégoûtants. Le scandale des ballets roses qui carbonisera le pauvre Le Troquer, « certainement encore un coup des gaullistes », sifflera papa. Maman a beau dire que ce n'est pas bon pour les enfants de lire les journaux, moi, j'ai dévoré tous les articles, ça m'excitait énormément, surtout depuis qu'on raconte au lycée que des types de première ont été pris dans des ballets bleus. Il n'y a au fond que la couleur qui change, même si je ne saurais pas dire précisément ce qui s'y passe, dans ces soirées dansantes. Enfin, je suis assez sournois pour imaginer que ça ne ressemble pas aux surboums où mes frères accompagnent les sages demoiselles du rallye Michon-Pellissard et qu'ils font tous ensemble des concours de hula hoop.

En plus des conspirations qui se tramant dans le petit salon, tonton François honore quelques repas de famille. Il vient alors avec tante Danielle

*1959 : Un secret...*

qui se coiffe pareil que maman et tient un petit teckel en laisse. Il s'appelle Lipp, pas comme les usines de montres où il y a plein de grèves et de problèmes sociaux, mais avec deux *p,* comme le restaurant où vont les hommes politiques et les dames chic. Mes frères et moi on se tient sagement pour montrer qu'on est polis et respectueux avec le grand homme de la famille. Tonton François nous pose quelques questions sur nos études, mais on sent bien que nos réponses, ça ne l'intéresse pas tant que ça ; et tante Danielle, alors, nos études et tout ce qu'on peut fabriquer dans nos petites vies de chouchous du XVI$^e$, on voit bien que ça ne l'intéresse pas du tout. En fait, eux, ce qu'ils veulent, c'est parler politique avec papa et lui raconter des tas de trucs contre de Gaulle. Nous, ça nous arrange, on écoute bien et on est contents de rester tranquilles. Le seul problème, c'est Lipp. Ce clébard est incroyablement hargneux, il n'obéit qu'à tante Danielle et il mène une guerre féroce contre tonton François par jalousie et parce qu'il défend sa maîtresse. Il a sans doute compris des choses qui nous échappent. Quoi qu'il en soit, du haut de ses quinze centimètres, il n'a pas peur de l'impressionnante présence du commandeur de la famille. Campé sur le canapé du salon, il grogne de façon inquiétante dès qu'on tente de l'approcher et montre les dents à tonton François

45

## Une adolescence

s'il s'avise de lui adresser la parole. Mais comme tonton François n'aime pas qu'on lui résiste, il ne peut pas s'empêcher de le provoquer. Il lui ordonne de descendre du canapé, il lève la main comme s'il voulait le corriger, il avance un doigt vengeur près de la gueule du petit monstre. Tante Danielle proteste pour que tonton François arrête d'embêter son toutou chéri : « Enfin, François, fiche-lui la paix, tu vois bien que tu l'agaces », lance-t-elle en soupirant et en ceinturant le clébard. Mais ça ne sert à rien. Lipp est monté sur des ressorts et fait claquer sa mâchoire en aboyant, pendant que tonton François continue à le menacer. Ces deux-là ont de vieux comptes à régler, plus rien d'autre ne les occupe. Dans le salon, la conversation politique s'est arrêtée, les invités ont l'air un peu embêtés, ils parlent entre eux. Il n'est évidemment pas question que Lipp abandonne un pouce de son territoire et pas question non plus que tonton François cède à son adversaire. Et ça dure, ça dure ; chaque fois que tonton François et Lipp sont face à face sur le canapé, c'est la même bagarre sans vaincu ni vainqueur, et le plus gamin des deux n'est pas celui qu'on pense. Un jour, ça a failli mal tourner, la gueule de Lipp s'est refermée dans un claquement sec sur le doigt de tonton François, il a fallu aller chercher du Tricosteril et du mercurochrome dans la salle de bains. Le plus

*1959 : Un secret...*

marrant, c'est que tonton François était beaucoup plus triste que tante Danielle lorsque Lipp est mort quelques années plus tard. J'ai du mal à imaginer le général de Gaulle qui se disputerait avec un roquet agressif pour libérer un canapé. Enfin, peut-être, «teckel», c'est bien un nom d'origine allemande, non? En tout cas, je peux pas m'empêcher de penser que tonton François, il est aussi comme Lipp avec le général de Gaulle, il veut toujours le mordre pour prendre sa place. On peut aussi voir la chose autrement, et dans ce cas, c'est tonton François qui prend Lipp pour le général de Gaulle. Oui, c'est plutôt ça, en fait, pour tonton François entre le vieil éléphant à l'Élysée et le teckel sur le coussin de papa, il y a pas de différence, c'est un combat sans merci.

Tante Danielle, on l'aime bien, mes frères et moi. Parce que c'est la femme de tonton François, parce que maman parle d'elle toujours très gentiment, parce qu'elle a une jolie voix douce. Mais en fait, quand on réfléchit un peu, on sait pas vraiment pourquoi on l'aime bien vu qu'elle pose à peine les yeux sur nous. C'est pas comme les sœurs de tonton François qui sont très gentilles avec nous. Tante Geneviève, elle est ultra-catholique, elle a du mal à avaler que maman divorce tout le temps mais elle nous invite souvent à déjeuner chez elle avec ses filles, nos cousines vraiment sympa; elle m'a offert

*Une adolescence*

la Bible illustrée du Père Castor et le livre sur Guy de Fontgalland, le petit garçon qui est allé direct au ciel quand il est mort à onze ans étant donné qu'il était l'Ange de Jésus, qu'il n'a jamais menti, qu'il donnait son argent de poche aux pauvres et qu'il a fait plein de miracles depuis qu'il est au paradis. Tante Josette, elle est rigolote, elle a fait des émissions à la radio et elle a épousé un marquis qui la battait ; maintenant elle est artiste peintre, elle a brossé un portrait de maman qu'on a tous trouvé très ressemblant mais qui a disparu on sait pas où. Tante Colette, elle raconte des histoires intéressantes avec beaucoup de poésie, elle est exploratrice et elle va dans des pays lointains où elle tourne des films en couleur sur les sauvages, elle me rapporte des beaux coquillages de ses voyages dans les îles. Tante Antoinette, aussi, elle est très cultivée et maman la trouvait formidable ; moi, pas tellement, étant donné que c'est ma marraine et qu'elle m'a jamais rien offert, pas un petit billet pour Noël ou mon anniversaire, même pas un stylo pour ma première communion ; c'est pas pour le stylo car j'en ai quand même reçu une bonne dizaine mais pour le geste comme dit maman qui depuis la trouve un peu moins formidable.

Mais il y a toujours une explication pour qu'on dise que tante Danielle on l'aime bien quand

*1959 : Un secret...*

même. Il faut reconnaître qu'elle a quelque chose de spécial. C'est pas qu'elle est aussi belle que maman mais elle est agréable à regarder, elle a du charme, ou plutôt elle a « du chicn » comme dit papy devant mamie qui lève les yeux au ciel. On en a eu la preuve au mariage de la cousine Nanie au cercle militaire quand les grandes personnes ont commencé à danser et que tante Danielle a enchaîné les paso dobles avec des types qui avaient du mal à suivre. Elle avait un peu chaud, elle souriait beaucoup, elle était très gracieuse. C'est mon frère Olivier qui a trouvé la bonne formule pour résumer la situation : « Je comprends tonton François, Danielle, elle est drôlement sexy ! » Il l'a pas dit trop fort parce que ça se fait pas de parler comme ça de sa tante, mais enfin, nous, les trois frères, on était bien d'accord, tante Danielle, elle est sexy.

Maman va souvent à Alger parce que le futur troisième qu'elle aime de plus en plus y travaille. À son retour, elle nous raconte les événements, les Français et les musulmans qui sont maintenant presque tout à fait français et qui manifestent ensemble pour dire combien ils sont contents d'être réconciliés. Maman dit que c'est une très belle ville et que la France a fait vraiment beaucoup de choses, mais elle dit aussi qu'il y a tout de même de la tension, on sait pas trop pourquoi, et

*Une adolescence*

que les soldats fouillent les sacs quand on veut aller dans les grands magasins ou au cinéma ; elle pense qu'il y a des gens qu'on connaît pas qui sont encore un peu trop excités et elle est pas vraiment certaine que la guerre soit complètement terminée ; elle dit « les Algériens » quand elle parle des musulmans. En fait elle raconte pas la même chose que mes copains au lycée ; eux, ils disent « les Arabes », ce qui est peut-être vrai, mais aussi pas très normal, puisque l'Algérie, c'est la France. C'est ce qui a été décidé l'année dernière et tout le monde avait l'air bien d'accord ; à moins que ça ait changé entre-temps, qu'il se soit passé quelque chose que j'aurais pas remarqué et, pourtant, j'ai fait drôlement attention. Pour mes copains, il n'y a pas de doute, l'Algérie, c'est bien la France et pourtant ils continuent à dire « les Arabes », et j'aime pas comme ils le disent. En fait, pour eux, il y a deux sortes d'Arabes ; ceux qui sont pas exactement comme nous à cause de la religion et des femmes voilées, mais qui vont devenir bientôt pareils, et c'est pour ça qu'on voit toujours les femmes au journal télévisé qui retirent leur voile et qui embrassent les autres Françaises ; ceux-là, c'est la majorité, et ils sont pour le général de Gaulle ; et puis y en a d'autres qui sont pour les communistes et pour Nasser, le dictateur qui nous a pris le canal de Suez ; ils veulent aussi nous

*1959 : Un secret...*

prendre l'Algérie pour qu'on s'en aille et en plus ils veulent aussi le Sahara, quand on sait bien que le Sahara, c'est un désert qui n'existait pas avant qu'on l'explore et que le père de Foucauld y meurt comme un martyr ; un vrai désert où il y avait absolument rien jusqu'à ce qu'on y découvre du pétrole et des peintures préhistoriques, ce qui prouve que c'est forcément à nous ; ces Arabes-là, ils sont cruels, ils font le sourire kabyle même aux femmes et aux enfants et on peut jamais leur faire confiance car ils nous font quand même la guerre quand on leur propose la paix pour les pardonner ; heureusement, c'est une très petite minorité, ils savent qu'ils ont perdu, c'est une question de semaines, et quand les soldats les auront battus, après, on en entendra plus parler. Moi, je veux bien, mais là où c'est curieux, c'est que mes copains, ils parlent surtout des dangereux et pas des autres, comme si la minorité qui va disparaître était au fond la majorité qui risque de gagner. En plus, ils disent qu'il faut se méfier parce que les dangereux qui sont tout seuls et isolés en Algérie, ils sont beaucoup plus nombreux en France et ils profitent de la liberté pour nous trahir. Maria, elle a beau être espagnole et penser que les Français sont pas aimables surtout quand elle retrouve ses copines sur les «Ramblas», comme elle appelle l'avenue Henri-Martin où il y a une foule bruyante

## Une adolescence

le dimanche avec les gens du quartier qui passent devant en faisant la gueule, elle aussi donc, elle dit qu'il y en a partout, des Arabes, dans le métro, surtout, et qu'avec ce qu'on raconte elle est pas rassurée et qu'il vaut mieux prendre l'autobus, même si c'est plus lent à cause des embouteillages. Quand je vais au cinéma sur les Boulevards, maintenant que je suis plus grand, avec mon ami Thierry, déjà presque un homme et qui me protège, j'en vois beaucoup, ils marchent, à deux ou trois ensemble, avec la tête basse enfoncée dans les épaules, on sait pas ce qu'ils regardent, ils portent des manteaux gris en poil de chameau, ils ont toujours l'air un peu pressés, pourtant ils ont vraiment pas l'air dangereux non plus, plutôt pauvres et tristes, sans doute parce qu'ils ont pas leurs femmes avec eux. Il y a même des cinémas où ils passent des films rien que pour eux et où c'est écrit en arabe ; mon ami Thierry voudrait y aller, mais moi, j'ose pas ; c'est quand même possible que j'aie un peu peur aussi. Quand j'ai expliqué à mes parents où je vais parfois au cinéma, ils m'ont rien répondu, mais ils ont eu l'air inquiets et, depuis, ils préfèrent que je retourne aux Champs-Élysées et dans les grandes salles, bien que ce soit plus cher. L'Algérie, décidément, c'est toute une histoire que les enfants ont beaucoup de mal à comprendre.

*1959 : Un secret...*

Par exemple, avec la rentrée en quatrième, tout se dégrade ; je suis tombé sur un professeur fou qui nous oblige à travailler comme des bagnards sur la grammaire latine, et il y a un nombre incroyable de gens qui sont devenus furieux contre le général de Gaulle parce qu'il a fait encore une conférence pour annoncer qu'on poserait la question aux Algériens de savoir ce qu'ils veulent. C'est pourtant naturel, nous, on est bien rentrés de vacances l'année dernière pour répondre ; tout le monde doit faire pareil pour qu'on sache enfin la vérité. Cette année, on est aussi rentrés de vacances plus tôt parce que désormais ça ne durera plus jusqu'au 1$^{er}$ octobre. Il y a beaucoup de choses qui changent, mais ça, je ne suis pas sûr que ce soit une bonne décision parce que les professeurs ça les met de très mauvaise humeur. Du reste, l'été n'a pas été génial ; on est restés à Évian, il arrêtait pas de pleuvoir et il fallait regarder les actualités pour voir du soleil, alors que, sur la Côte d'Azur, ils ont eu de la chaleur et le mariage de Brigitte Bardot avec Jacques Charrier. Il y a eu plein de discussions entre mes frères et maman pour savoir s'il est mieux que Sacha Distel, et puis on a conclu qu'elle aussi a dû en avoir marre, des scoubidous. Albert et Paola, c'était pas mal aussi, mais je suis bien le seul à la

*Une adolescence*

maison qui peut tenir tout un été avec un mariage de princesse.

En tout cas, il y a un nouveau mot qu'il va falloir retenir, c'est l'«autocirculation». C'est tiré d'un disque franchement marrant qu'on écoute sans arrêt, où il y a un chansonnier qui s'appelle Henri Tisot et qui imite le général de Gaulle mieux que tous les autres. Il a copié sur la conférence qui a fait tant de barouf et il raconte une histoire à lui sur les embouteillages; on sait vraiment plus qui parle et je me demande si le général de Gaulle écoute parfois le disque quand il s'ennuie. En plus, nous, à la maison, on a vraiment besoin de rigoler parce qu'il est arrivé un gros ennui à tonton François : des gangsters ont tiré sur sa voiture pour le tuer, il s'est sauvé dans un jardin et après, comme ils l'ont raté, ils ont fait croire que c'était du bidon, que ça avait été monté exprès par tonton François pour se faire de la publicité. Je lis les titres dans les journaux, ils sont d'une méchanceté épouvantable avec tonton François, maman est catastrophée et papa reprend son accusation favorite avec une froideur terrible : «C'est bien un coup des gaullistes pour salir un adversaire.»

Ce qui est sûr, c'est que dans la famille on est impeccables avec tonton François : on se cramponne à notre version officielle envers et contre tout. Afin de nous montrer ce qui s'est passé pour

*1959 : Un secret...*

de vrai, papa nous a emmenés la nuit, mes frères et moi, avenue de l'Observatoire. Il a arrêté la voiture là où les tueurs s'étaient embusqués, et puis là où tonton François a garé sa 403 en catastrophe pour s'échapper, il a sauté par-dessus la petite barrière du jardin et il a disparu dans les buissons, il nous a montré que l'endroit était un vrai coupe-gorge. On avait peur pour lui et on pensait que tonton François avait eu beaucoup de présence d'esprit et beaucoup de chance de s'en sortir. Il y a même eu un petit accroc, des flics sont sortis de dessous les arbres, ils ont dit : « Ça recommence, ça devient une habitude ! » et ils ont demandé ses papiers à papa, mais c'était pour la forme, j'ai eu l'impression qu'ils avaient plutôt envie de se marrer. Maman n'a pas été en reste, elle a fait coucher mon cousin Jean-Christophe dans ma chambre pendant une semaine pour pas que les journalistes l'embêtent sur le chemin de l'école. Pourtant on est quand même drôlement seuls avec toutes nos preuves que personne veut prendre en compte. Papa espère un peu de soutien de la part des communistes qui sont normalement du côté de tonton François contre de Gaulle, mais c'est mou, affreusement mou. Tonton François, il prend trop de place, il les embête, les communistes, et au fond, même s'ils font les gros yeux et de grands discours, moi, je fiche mon billet qu'en secret ils préfèrent

*Une adolescence*

le général de Gaulle à tonton François. Il a vraiment pas beaucoup de marge, tonton François, il doit se battre à la fois contre de Gaulle qui fait semblant de ne pas le connaître alors qu'il y a des types de chez lui qui lui tendent des pièges et les communistes qui voudraient bien le faire disparaître dans une trappe. Un peu comme moi en classe qui n'arrive pas à surnager entre les maths auxquelles je ne comprends rien du tout, avec la prof, Mme Martin, qui me déteste et me regarde avec des yeux perçants de vieille souris grise comme si j'étais le dernier des cancres, et ce satané latin dont je continue à me demander pourquoi on nous force à l'apprendre, puisque c'est une langue morte que personne ne parle, sauf les curés, mais, justement, je m'embête à la messe.

Vivement les vacances de Noël, parce que les bagarres au lycée ont recommencé ; il faut que je défende à la fois le général de Gaulle contre ceux qui maintenant le détestent et tonton François contre ceux qui l'ont toujours détesté et profitent de cette histoire pour en rajouter ; et moi, j'ai l'impression de taper dans le vide, et je supporte plus.

*1960 : Le menhir*

« Tu es sûr de ce que tu dis, elle a vraiment pété, la bombe ? Alors si c'est vrai, champagne ce soir ! La France est redevenue une grande puissance. » On est en Charente, mes frères et moi, chez les amis de papa et leur grande famille qui nous prennent souvent pour les vacances, et je viens d'apprendre la bonne nouvelle à la radio : 13 février, la première bombe atomique française a explosé au Sahara. Tout le monde est très fier pour notre pays dans ce beau petit coin tranquille encore tout assoupi par l'hiver. Et puis c'est bien fait pour ceux qui veulent nous prendre le Sahara, si on y fait sauter la bombe plutôt que dans le Massif central, ça veut dire que c'est encore à nous. Pourtant les amis de papa ne sont pas pour le général de Gaulle ; ils ont bien expliqué l'affaire de l'Observatoire aux paysans qui travaillent sur les vignes des alentours, comme quoi c'est un complot contre tonton François parce qu'il contredit sans

*Une adolescence*

cesse le grand Charles et qu'à l'UNR, c'est un repaire de voyous qui supportent pas qu'on les démasque; les amis de papa trouvent aussi que les barricades à Alger, c'est encore la faute du général de Gaulle parce qu'il a pas tenu sa parole avec les pieds-noirs et que c'est une chose horrible quand des Français tirent sur d'autres Français. Les pieds-noirs, c'est une expression que je ne connaissais pas; on dirait qu'il s'agit d'une tribu indienne; rien que d'y penser, je me dis que ça ne se passe pas là-bas comme on l'avait prévu, et que les Français d'Alger, ils vont finir comme les Indiens, sans terre, et chassés de partout. De toute façon, il faut sacrément réfléchir à tout ce qu'il fait, le général de Gaulle, car il va très vite et on a du mal à suivre. C'est pareil pour le nouveau franc, personne n'arrive à compter juste; si Pinay, qui a l'air d'un type sérieux, avait mis trois zéros dans le nouveau franc au lieu de deux, peut-être qu'il aurait été plus lourd, mais ça aurait été plus facile pour se débrouiller. Les amis de papa, ils disent que c'est encore un truc de polytechnicien et qu'on s'habituera jamais, enfin pas avant dix ou vingt ans. Dix ou vingt ans de plus quand on va avoir treize ans, c'est presque une éternité. Mais quand même, à propos de la bombe atomique, les amis de papa, ils pensent qu'il faut être objectif et qu'aucun autre homme politique aurait pu la faire sauter,

## 1960 : Le menhir

sauf le général de Gaulle parce qu'il aime bien embêter les Américains et qu'il a pas peur des Russes. Au retour à Paris, je n'entends pas de critiques sur la bombe chez les adultes, c'est curieux, même quand on parle avec les gens qui disent beaucoup de mal du général de Gaulle, il y a toujours un moment où ils sont d'accord avec lui sur un problème ou un autre ; de là à penser qu'il est le plus fort, il y a un pas que je n'ai pas de mal à franchir. Enfin, la bombe atomique, moi, j'ai du mal à la trouver sympathique ; j'ai vu des films sur Hiroshima et je pense que ceux qui l'ont lancée doivent avoir des remords pour le reste de leur vie.

C'est comme tous ces types que Fidel Castro fait fusiller à La Havane. On dirait une fête, la foule chante et danse de joie pendant qu'on les amène ligotés comme des saucissons pour les coller contre le mur. Aux actualités, on montre les images avec des commentaires à la rigolade. Cette fois, Tapioca a gagné contre Alcazar, et c'est normal, que voulez-vous, dans ces pays-là, ça fait partie de la culture, on fusille ceux qui sont pas d'accord, il faut savoir prendre le vent à temps. À la télé, c'est pareil, il y a des explications de journalistes qui sont allés là-bas et de professeurs qui ont écrit des tas de bouquins plus ou moins communistes. Ils racontent que ça se comprend, toutes ces exécutions, c'est la justice populaire, et bon, même si ça déborde un

## Une adolescence

peu, il y a pas de quoi en faire une histoire. Du reste, c'est général on trouve que Fidel Castro a l'air sympa avec sa barbe de guérillero et que Che Guevara est super beau, le héros romantique de la révolution qui va libérer les pauvres du monde entier. Moi, je me méfie des barbus, ça pique quand on les embrasse, et j'ai l'impression qu'ils cachent toujours quelque chose. Et si Che Guevara plaît tellement aux filles, tant mieux pour lui, je préfère Alain Delon, qui leur plaît aussi beaucoup dans *Faibles Femmes* quand il est à la piscine Deligny et qu'il réclame pas qu'on fasse la révolution partout. La révolution m'a jamais inspiré, c'est un truc pour les gens violents et j'aime quand c'est tranquille, je suis sûr qu'ils m'auraient passé à la guillotine, les révolutionnaires, j'aime trop les choses du passé. En gros, ça a donné la Terreur et je suis déjà bien assez terrorisé en temps normal.

Farah Diba a épousé le chah d'Iran, c'était à Noël, quand je me suis déboîté le genou au ski, Margaret s'est mariée avec Tony, c'était à la fin de février, quand je me suis tapé la tête en tombant sur la glace à la patinoire Molitor, Éric Peugeot a été enlevé et retrouvé, c'était à Pâques, au moment où je me suis cassé le bras, Baudouin va épouser Fabiola, dans quel plâtre serai-je à ce moment-là ? C'est fou, mais à chaque numéro de *Paris Match* qui m'intéresse, paf! j'ai un accident. Alors que les

*1960 : Le menhir*

Jeux olympiques de Squaw Valley, l'inauguration de Brasilia ou le lancement de la 404 me font rien du tout ; pas la moindre égratignure. Peut-être qu'il y a un lien entre ce qui m'intéresse et les accidents ; d'ailleurs, chaque fois qu'il se passe un truc important à propos du général de Gaulle ou que papa m'explique ce que pense tonton François de la situation, j'y pense très fort et je deviens complètement étourdi pour tout le reste.

Mes frères me racontent tous les films qu'ils vont voir comme *Soudain l'été dernier*, *À bout de souffle*, *L'Avventura*, *Plein Soleil*, que des films qui ne sont pas encore de mon âge, et je me rattrape en imaginant que je vais voir le général de Gaulle pour lui exposer mes idées sur la politique et qu'il m'écoute très sérieusement. Les idées, c'est un peu les siennes, un peu celles de tonton François et beaucoup celles de mes rêves. « Cet enfant vit dans un univers de songes, c'est normal, ce doit être le début de l'adolescence », dit souvent maman. C'est peut-être vrai et, en tout cas, je suis très satisfait que le général de Gaulle soit notre président, car il est tellement passionnant que j'ai toujours une bonne occasion de penser à lui. Cette année, en plus, je lui aurai parlé au moins deux fois ; la première, c'était pas du sérieux ; comme j'avais gagné à « Télé-marelle » à la télévision, le jeu où il fallait répondre à plein de questions

*Une adolescence*

franchement pas trop difficiles, Jean Nohain m'avait fait revenir pour une autre émission sur la vie des grands hommes ; j'étais Ike Eisenhower et un autre garçon de très haute taille, le général de Gaulle ; on devait faire comme si on s'était connus en pension en 1910. Ça a pas été terrible ; moi, j'ai voulu jouer au plus malin et je me suis embrouillé dans mon anglais, et lui, il était complètement endormi, à se demander s'il savait que le général de Gaulle était président. C'était en direct et j'ai éternué d'émotion devant les caméras et le public de la Gaîté lyrique, mais Jean Nohain qui était super gentil, m'a prêté son mouchoir sentant bon la lavande, et puis après il y a eu des chansons avec Annie Cordy. À la patinoire, le dimanche, les filles ont été très indulgentes en disant que j'étais bien mieux que le général de Gaulle. C'est sans doute pour ça que j'ai recommencé, et cette fois, ça a été pour de vrai.

Le 11 novembre, c'est toujours triste ; c'est l'automne, il pleut et la nuit tombe vite. Mais c'est aussi un jour de vacances et il y a un défilé sur les Champs-Élysées avec des anciens combattants à qui le général de Gaulle remet des décorations. Certains ont le même âge que lui, d'autres sont légèrement plus vieux et tremblent un peu dans le froid, accrochés à leur drapeau avec toutes leurs médailles épinglées sur leur imperméable. J'ai

## 1960 : Le menhir

bien remarqué, les autres années, à la télévision, qu'il y en a qui en profitent pour lui présenter leur famille et leurs petits-enfants qui ont à peu près mon âge. Puisque mon grand-père est général et qu'il a fait 14-18, je ne vois pas pourquoi j'irais pas moi aussi, même s'il a jamais été décoré par le général de Gaulle et ne le porte pas vraiment dans son cœur. Avec mon ami Thierry, on a fait plein de plans pour trouver comment se faufiler et ce que je lui dirai quand il me serrera la main ; les Jeux olympiques, voilà, c'est un thème de conversation, vu qu'on a été nuls à Rome où on n'a presque pas eu de médailles. C'est ça, je lui dirai que je regrette pour les équipes françaises, mais qu'avec lui dans quatre ans, ce sera forcément beaucoup mieux ; s'il est pas intéressé, c'est à désespérer aussi de l'Algérie, du paquebot *France*, de l'assassinat télévisé au sabre du Premier ministre japonais et de tout le reste.

En fait, c'est très simple, pour un enfant, de se glisser dans une cérémonie officielle, il suffit de dire « Je suis avec la dame » et de montrer une personne à l'air très bien qui est placée avec les officiels. Il y a toujours une dame, d'autres gens qui passent et un policier qui ne vérifie pas. Je me retrouve donc près de la dame que j'ai choisie ; elle est en uniforme bleu marine avec les cheveux gris, des gants blancs et des talons plats, comme

*Une adolescence*

dans les films où il y a des héroïnes qu'on parachute en pleine bagarre pour sauver les blessés. Autour, il y a d'autres dames comme elle, en moins sympathique, d'autres messieurs et quelques enfants, histoire de bien me camoufler. La dame me sourit, elle doit me prendre pour un autre, et, de toute façon, elle est tellement heureuse à l'idée de voir le général de Gaulle que même si j'avais pas mis mon pantalon de flanelle et mon blazer de chez Manby elle m'aurait gardé avec elle sans me poser de questions. Je vois tout très bien : la flamme du Soldat inconnu, la DS noire qui a remplacé l'ancienne Hotchkiss du président Coty, le général de Gaulle, enfin, qui est vraiment comme les éléphants avec des petits yeux fatigués qui clignent beaucoup et ont l'air très intelligents. Vient le grand moment où le général de Gaulle s'avance vers notre groupe figé dans un garde-à-vous humide de pluie et d'émotion. Il parle à chacun l'un après l'autre, très tranquillement, comme s'il les connaissait tous ; il a l'air d'un menhir dans son uniforme, et j'ai l'impression qu'il n'arrête pas de grandir au fur et à mesure qu'il s'approche. La dame ne fait plus du tout attention à moi, elle est toute tendue vers l'instant fatidique où le général de Gaulle se penchera sur elle. J'ai le cœur battant à se rompre, j'entends la voix célèbre comme la foule en bas quand on est arrivé au sommet des

## 1960 : *Le menhir*

montagnes russes à la foire du Trône, juste avant la première descente, celle qui fait le plus peur, et je me raccroche à mes Jeux olympiques tel un naufragé à sa bouée de sauvetage. Ça y est, la dame se présente avant d'embrayer sur Monte Cassino. J'ai même pas le temps de me poser la question de savoir si Monte Cassino, c'était vraiment plus tard que la guerre de 14, une affreuse évidence me terrasse : que vais-je répondre au général de Gaulle s'il me demande comment je m'appelle ? Le fantôme de tonton François s'est abattu sur moi, les tueurs fous et les reporters assoiffés de sang de l'Observatoire m'ont rattrapé, je vais être démasqué et confondu comme un escroc dès que je prononcerai le nom maudit ; le général de Gaulle appellera la garde, on se saisira de moi parmi les anciens combattants horrifiés, la dame me giflera tel un traître, on me mettra en prison, le scandale, terrible, s'étalera dans tous les journaux, la carrière de tonton François sera définitivement brisée, papa sera obligé de s'exiler en Argentine, et ma mère en mourra de chagrin. « Et vous, jeune homme, comment vous appelez-vous ? » Je me lance comme dans un volcan en balbutiant un « Frédéric » inaudible. Mais le général de Gaulle a l'ouïe fine, il veut en savoir plus, et derechef : « Frédéric, oui, mais Frédéric comment ? » La dame me lance un sourire encourageant, le cortège distingué s'impatiente

*Une adolescence*

imperceptiblement, le général de Gaulle reste de marbre devant le microbe cramoisi et terrifié qui se débat devant lui avec le souvenir de tous les annuaires téléphoniques qu'il a tenus entre ses mains : « Frédéric François, mon général. » Le pseudonyme improvisé, surgi comme un éclair de toutes les contradictions de mon orage intérieur, résonne sans doute plus fort que le roulement de tambour des charges de Murat à Waterloo. « Frédéric François », répète le général en ayant l'air d'hésiter sur la place où il faut me ranger parmi toutes les familles de François ayant accompagné son épopée avant de conclure par un « C'est très bien » qui classe ce point d'histoire obscur. Puis il passe à un vieux monsieur qui a les yeux pleins de larmes, la dame me demande gentiment si je suis le petit-fils du lieutenant-colonel François qui était à Londres, il y a encore « En passant par la Lorraine », tout le monde se sépare, et je rentre sur un nuage ; malheureusement, mon ami Thierry est resté collé en pension, la séquence a été coupée au journal télévisé, mes parents sont en voyage et mes frères se préparent pour une surprise-partie qui les rend sourds à toutes mes tentatives de récit. Je garderai donc longtemps le secret du jour où j'ai rencontré le général de Gaulle en étant à la fois moi-même, un imposteur et le rejeton inconscient de son principal adversaire. De toute façon, aux Jeux

*1960 : Le menhir*

olympiques de Tokyo, quatre ans plus tard, on n'a pas fait beaucoup mieux.

Fin d'année plutôt chamboulée par la sortie de *Fortunat,* le film dans lequel j'ai tourné cet été. Bourvil, Michèle Morgan, Gaby Morlay, Rosy Varte et Teddy Bilis, ne pas oublier Teddy Bilis, le genre de second rôle que j'adore au cinéma. Le grand jeu, tous très gentils avec moi, je suis le fils, sale gosse gâté, de Michèle Morgan. Je vais revoir le film tous les samedis au Gaumont Ambassade avec des admiratrices qui sanglotent à la fin car c'est un mélo qui se termine très tristement. Comme c'est aussi un succès, j'enchaîne les samedis triomphants en posant au grand modeste. En fait, ça ne me demande pas un gros effort : je me trouve à peu près nul comme comédien quoi qu'en disent mes copines. Mais ça me donne quand même un statut intéressant auprès de mes frères qui me promènent partout comme un teckel pour briller auprès des filles. Je ne parle à personne de l'une des grandes expériences du tournage : ma découverte du communisme parmi les techniciens qui m'avaient adopté ; le petit lord Fauntleroy du seizième devenu la mascotte de la base rouge ! Surtout grâce à Marcel, l'accessoiriste, un dur de dur qui me chuchote à l'oreille le sort misérable des mineurs de fond aux poumons rongés par la poussière de charbon pour m'aider à me faire

## Une adolescence

monter les larmes juste avant les scènes où je dois pleurer. Ça n'est pas très efficace, j'ai sans doute le cœur trop endurci par des années de vie facile chez les ennemis de classe, mais je ne veux pas décevoir Marcel et je m'en sors en pensant à mon petit chien que j'ai perdu, et puis ce robuste moustachu dont la voix s'enroue d'émotion en évoquant les malheurs de la condition ouvrière, ça me fait quand même un peu honte. Le seul prolétaire que je connais, en fait, c'est Gabin dans les vieux films et comme il ne tourne plus que des rôles de bourgeois bien installés, j'en ai conclu que tout finit quand même par s'arranger. Je suis prêt à convenir désormais de mon erreur surtout qu'il y a plusieurs scènes où je dois pleurer et que Marcel appelle en renfort les ouvriers en grève, les paysans ruinés ; à la fin du tournage, il ne reste plus de disponibles que les filles-mères lâchement abusées par des fils à papa dévoyés. Un type adorable, en fait, ce Marcel, qui transporte ses chasses d'eau sur le plateau en ronchonnant : « Quand je pense que ma femme me reproche de passer mes journées avec des stars, et qu'il faut en plus que je me coltine un gosse de riche qui essaie de m'expliquer que Charlot est un grand homme ! » Bourvil aussi, je vois bien qu'il a pas beaucoup de sympathie pour de Gaulle, mais il est si généreux et me sent tellement perdu qu'il

## 1960 : Le menhir

me laisse cheminer sans forcer. Je passe des heures dans sa loge, il me raconte sa vie, ses débuts difficiles, son refus des honneurs et je n'ai plus qu'à réfléchir et à comprendre. Et puis, il y a Erika, la « doublure lumière » de Michèle Morgan, qui disparaît la dernière semaine du tournage et qu'on retrouve en première page de *France Soir* à la tête d'un réseau de soutien au FLN coffré par la police. Erika, si gaie, si belle, si douce avec moi, qui menait en secret une existence extraordinaire et dangereuse. Je devine tout de suite que je ne la reverrai sans doute jamais et que je ne l'oublierai pas non plus.

En plus, Clark Gable, le roi des *Cinémonde* de mon frère Jean-Gabriel, meurt d'un infarctus, Patrice Lumumba est torturé devant les caméras de télévision par des soldats congolais qui ont l'air aussi méchants que ceux qui ont violé des couvents entiers de bonnes sœurs belges et, en Algérie, les hécatombes se succèdent entre les Français et les musulmans. Je ne suis encore qu'un tout jeune adolescent pétri de préjugés et de petites illusions frivoles, mais j'ai l'impression de découvrir certaines vérités que j'ignorais sur moi-même, sur mon pays, et sur le général de Gaulle, dans tout ce vacarme qui m'entoure.

## 1961 : L'Algérie, c'est chez nous que ça se passe

« Au moins, s'ils avaient fait sauter l'hôtel, on aurait pu récupérer la vue ! » De mystérieux terroristes que l'on n'appelle pas encore l'OAS viennent d'assassiner le maire d'Évian en plastiquant son bureau, et ma grand-mère scandalisée découvre le monstre cynique sommeillant sous l'aimable apparence de son chérubin de petit-fils. Deux flics en civil m'ont ramené par la peau du cou après m'avoir trouvé, la mine affairée et le Kodak en bataille, errant dans la mairie encore toute fumante de l'attentat, et je persiste à me prendre pour le nouveau Pedrazzini, le beau reporter blessé à mort pour *Paris Match* à Budapest, inconscient de la gravité du drame qui s'annonce avec la fin brutale de l'infortuné Camille Blanc. Et voilà que j'en rajoute avec des visions d'Apocalypse devant nos fenêtres. Il est vrai que mamie connaît tout des enfants sages et de leur prédilection malsaine pour les catastrophes.

*Une adolescence*

Depuis cinquante ans qu'elle subit son énorme et massive présence surplombant comme une muraille le joli jardin de sa maison d'Évian, mamie s'est résignée à l'existence du Grand Hôtel du Parc. Sa bienveillance coutumière l'incite même à entretenir des relations très courtoises avec le directeur. Cependant, pratiquant la vindicte d'un clan méditerranéen qui oublie ses différends pour faire front contre l'ennemi, le reste de la famille ne partage pas cette mansuétude : on se raconte jusqu'à plus soif les jours heureux d'autrefois où la terrasse était un véritable belvédère ouvrant sur tout le panorama du lac Léman ; l'affreuse surprise du retour après la Première Guerre mondiale où l'hôtel fut construit en douce comme une trahison ourdie par les profiteurs du plaisir de vivre contre les valeureux héros partis pour Verdun ; l'exaspérante promiscuité des étés où il faut prendre son petit déjeuner en même temps que « le thé complet pour la chambre 24 » et où l'on entonne en chœur « si, si, je vous jure que le type de la 66 est tout le temps en train de regarder quand on prend un bain de soleil ». Les enfants ne sont pas en reste de cette rancœur farouche qui leur permet d'épouser la querelle sacrée des adultes ; mes frères occupent l'ennui des jours de pluie à tirer au pistolet à plomb contre les larges hublots du paquebot immobile, cabriolent sur le

*1961 : L'Algérie...*

toit de la maison pour affoler le personnel d'en face, échafaudent les hypothèses les plus salaces sur les va-et-vient d'une clientèle de curistes qui a pourtant largement dépassé l'âge des affreux désordres qu'ils évoquent en ricanant devant moi. À force de gâcher le paysage de nos vacances, le Grand Hôtel du Parc, au demeurant d'une belle architecture rococo de station thermale, occupe solidement celui de nos fantasmes de gamins désœuvrés.

Or les vacances de Pâques viennent de sonner le temps des révisions déchirantes. Le général de Gaulle entame des négociations avec le FLN, et, ce qui est plus sensationnel encore, elles se dérouleront précisément au Grand Hôtel du Parc, qui n'est même pas un palace malgré son nom ronflant, vu qu'il n'a que trois maisons au Guide Michelin. Avant, malgré tous les arbres qu'on avait plantés pour se cacher, on se sentait surveillés comme en prison ; et là, en ce mois de mars où ils n'ont pas encore de feuilles, on se retrouve aux premières loges en train de plonger en plein dans la lumière de l'Histoire. Pour moi, si le général de Gaulle a choisi de libérer les Algériens quasiment dans notre salon, c'est pour que la Providence nous délivre aussi d'un lourd passé d'humiliation familiale ; et tandis qu'ils gagneront leur indépendance, je compte bien que l'on pourra annexer

*Une adolescence*

enfin le Grand Hôtel du Parc comme une prise de guerre. Évidemment je sens qu'il y a bien un peu d'exagération de ma part dans cette allègre confusion des luttes de récupération, mais à treize ans on manque singulièrement de boussole pour se repérer sur les chemins où se carambolent les grands événements et les petites aventures. Papy a beau me réciter *Chantecler*, je n'en démords pas, la fin de la guerre d'Algérie, c'est chez nous que ça se passe.

Sauf qu'on a rien vu des fameuses négociations d'Évian. Mesurant les ravages de l'actualité sur l'agitation de mon esprit, mamie opte pour un rapatriement d'urgence à Paris; c'est devant le téléviseur de la chambre maternelle que je reprends péniblement contact avec la réalité en apercevant vaguement un pauvre petit bout de notre jardin, ignoré et anonyme, encore plus écrasé que jamais par l'énorme monstre de pierre qui focalise toute l'attention des caméras du journal du soir. Les rapports de première main que je répétais à Pâques devant le miroir de la salle de bains pour le futur auditoire ébloui de mes camarades de lycée sombrent misérablement; le paladin d'un des chapitres les plus saisissants de la geste gaulliste n'en est désormais que la mouche du coche, inutile et tristement conscient de l'être.

Fortes odeurs d'huile, vacarme de chenilles qui grincent en martelant les pavés, impression que le

*1961 : L'Algérie...*

sol tremble sourdement autour de nous : mes frères et moi regardons les tanks qui prennent position devant l'Assemblée nationale en cette tiède nuit d'avril où l'on attend l'invasion imminente des parachutistes venus d'Alger. Hier matin, mon frère Olivier m'a raconté en se tordant de rire le réveil de Michel Debré, visage défait et mal rasé comme dans *Le Canard enchaîné* où, en plus, il a un entonnoir sur la tête. Il annonçait dramatiquement le putsch d'Alger tout en lançant un vibrant appel à la résistance. Effervescence au lycée, batailles rangées entre les partisans et les adversaires des rebelles, moi encore échaudé par mes déconvenues évianaises et prudemment planqué en permanence, les profs cramponnés à la discipline et nous bombardant d'heures de colle pour essayer de nous tenir... À la fin de la journée, c'est devenu nettement moins gai : papa nous a dressé le tableau de ce qui nous attend si les putschistes s'emparent de Paris ; tonton François va se faire fusiller, les adultes prendront le maquis et les enfants partiront en exil. Évidemment, je soupçonne papa d'exagérer un peu pour qu'on prenne conscience de la situation, mais c'est sûr que ce doit être sacrément grave pour que le général de Gaulle en grand uniforme nous dise « Aidez-moi ! » à la télévision.

C'est pas vraiment pour l'aider qu'on est allés voir les tanks à l'Assemblée nationale, juste par

*Une adolescence*

curiosité. Il y a d'autres gens qui sont comme nous et ils ne disent pas grand-chose non plus pendant que les tanks font tourner et retourner leurs tourelles vers un ciel lourd de menaces. En fait, c'est toujours pareil ; on s'imagine la guerre civile, le peuple qui occupe les aéroports pour empêcher les attaques, un canardage généralisé plein d'actes de bravoure et d'héroïsme, le lycée fermé et le chemin de l'aventure grand ouvert, et puis on se retrouve tout timide et tout minable devant un monstre de fer qui nous écrabouillerait en une seconde ; l'impression soudaine d'être enrhumé alors qu'il va falloir courir les Jeux olympiques. Avec nous, il y a Maxime, le meilleur copain de mes frères. C'est un très beau gosse, super intelligent et un peu bizarre ; il est fasciné par la puissance. Ce coup-ci, il admire le général de Gaulle à cause des tanks qui lui en flanquent plein la vue. Le mois prochain, ce sera Kennedy parce qu'il est le président le plus fort du monde et qu'il s'envoie Jackie qui est, elle, comme une star d'Hollywood. Je ne sais pourquoi maman passe son temps à dire qu'on a aucune maturité politique, peut-être à cause de Maxime qui se fout de tout et dont elle se méfie parce qu'il a beaucoup d'influence sur nous à un moment où personne ne sait ce qu'il faut faire.

Laurence, la petite amie de mon grand frère Jean-Gabriel, elle est pas comme ce démon de

*1961 : L'Algérie...*

Maxime; c'est une fille très bonne et très généreuse, et ce matin elle a fondu en larmes au déjeuner. On vient d'apprendre que les généraux d'Alger se sont rendus et ça veut dire qu'il n'y a plus d'espoir pour les Français d'Algérie. Moi, au fond, j'y croyais pas, à leur débarquement en France, surtout après que j'ai vu le général de Gaulle en uniforme, André Malraux en imperméable et les chars en position aux principaux carrefours. D'ailleurs, le général de Gaulle, les ministres, les gens importants à Paris, ils se déplacent en DS noire, tandis que les généraux à Alger, ils sont allés au monument aux morts avec des vieilles Citroën tractions avant comme dans les anciens films policiers. On ne gagne pas la guerre avec des tractions avant, même la guerre civile dont le prof de français dit qu'elle est beaucoup plus intéressante et plus normale que la guerre tout court, puisqu'on a bien plus de raisons de se battre avec ses frères qu'avec des étrangers. Il m'arrive, bien sûr, de me battre avec mes frères, surtout quand ils préfèrent sortir avec Maxime plutôt que m'emmener avec eux, mais c'est jamais à ce point-là. Au fond, les profs, ils sont comme tout le monde; il y a tellement d'événements qu'ils racontent eux aussi plein de bêtises et en profitent avec nous, vu qu'on est sans défense.

*Une adolescence*

Pour les Français d'Algérie, je sais toujours pas trop quoi penser ; en short, robes décolletées, lunettes Lissac noires, ils ont souvent l'air d'être en vacances avec le soleil qu'ils ont là-bas ; les gens qui sont en vacances, en général ils sont aimables et de bonne humeur. Mais papa pense qu'ils ont aucune chance avec de Gaulle parce qu'il leur en veut depuis la guerre. «Un million de pétainistes et huit millions d'illettrés», voilà ce qu'il aurait dit sur l'Algérie à quelqu'un qui l'aurait rapporté à papa. Moi, je sais pas très bien ce qui s'est passé à Alger pendant la guerre, mais si c'est vrai, je comprends qu'il ait envie de larguer les amarres. En même temps, j'aime aussi les Arabes, surtout les enfants qui sont si mignons et mal élevés juste ce qu'il faut. Mlle Sid Cara nous en a amené un autobus entier à l'aumônerie du lycée pour un après-midi de rencontre et d'amitié. Du côté français, il y avait que des volontaires avec un mot de leur famille, mais ça faisait pas mal de monde quand même. On est allés au bois de Clamart et on a joué aux gendarmes et aux voleurs ; on s'est bien marrés, même si on s'est un peu embrouillés parce que les petits Français voulaient faire les gendarmes et les petits Arabes aussi alors qu'ils ont pas l'habitude. Finalement, M. l'abbé nous a fait chanter «Alouette, je te plumerai!» et là, ça s'est très bien passé. Quand M. l'abbé dit qu'on est

*1961 : L'Algérie...*

tous frères, je trouve qu'il a raison ; c'est d'ailleurs aussi ce que disait le général de Gaulle quand il est revenu ; maintenant, il le dit encore, mais plus de la même manière. Pour résumer, il faut faire la différence entre les vrais frères qui sont ici et les faux frères qui sont là-bas. À Alger, c'est la guerre civile comme en parle le professeur de français quand il est de mauvaise humeur ; et je vois Laurence qui pleure, et ça me rend triste pour elle. Bref, j'ai toujours autant de mal à m'y retrouver dans cette histoire.

Enfin, cet été, on passe de belles vacances en Espagne avec papa. Franco, c'est un peu le général de Gaulle des Espagnols, mais en plus sévère ; c'est aussi ce que disaient les Français en pique-nique sur la plage et qui semblaient considérer que tout était parfait. Même le « surgé » du lycée qui est communiste et que j'ai reconnu, il a pas eu l'air embêté que je lui dise bonjour. Ce qui est sûr, c'est que Franco, il applique tout le temps l'article 16, celui qui donne les pleins pouvoirs au président alors qu'en France, c'était juste pour arrêter les généraux d'Alger. Papa est comme tonton François, il pense que c'est très dangereux, l'article 16, et que ça rend un peu dictateur ; mais cet été, chez Franco qui est complètement dictateur, avec les vacances et la maison au bord de la mer, on

*Une adolescence*

mène une vie tellement agréable qu'on s'en fiche un peu, de l'article 16. On a certainement tort, surtout que ça continue avec les mauvaises nouvelles. Comme si les Français n'avaient pas assez d'ennuis en Algérie, c'est maintenant en Tunisie qu'ils sont obligés de faire la guerre. Bourguiba veut nous prendre Bizerte où il y a une grande base pour notre marine et le général de Gaulle n'est pas du tout d'accord pour lui céder. Ils se sont pourtant vus il y a quelques mois et ils avaient l'air de bien s'entendre. Mais Bourguiba, qui a l'air plutôt sympa et qui parle français comme vous et moi, il paraît qu'il a trouvé que de Gaulle était très vieux, presque gâteux, et qu'il pourrait en profiter. C'est ce que nous dit papa qui est toujours bien informé. Malgré son opposition, je sens qu'il n'aime pas que l'on pense que de Gaulle serait gâteux. D'abord, c'est pas vrai et en plus c'est pas loyal. L'Espagne, c'est pauvre, ils ont pas encore la télévision, ou juste un peu sur les places des villages devant la garde civile avec des dizaines et des dizaines de gens pour regarder sans rien dire, surtout qu'il y a que des chansons et des documentaires sur les animaux quand c'est pas Franco qui parle, alors on écoute la radio qui a envoyé des reporters à Bizerte, en pleine bataille. Il y a des cris, des rafales de mitraillette, des explosions, c'est très impressionnant. Un jeune Français fait

## 1961 : L'Algérie...

aussi des discours pour expliquer que les Tunisiens ont raison et qu'on doit s'en aller parce qu'on est pas chez nous. Je surveille Laurence car je sens qu'elle va encore pleurer, et au fond, là aussi, on peut comprendre. C'est fou la haine que certains Français ont pour leur pays ; parfois, on pense pareil qu'eux, et puis on s'aperçoit soudain qu'ils vont trop loin et qu'ils sont plus raisonnables. Le général de Gaulle, il a beaucoup d'extrémistes comme ça contre lui et c'est ce qui me donne envie de lui être toujours fidèle. En même temps, pour Bizerte, je sais que c'est papa qui a raison une fois de plus ; il dit que Bourguiba ressemble au général de Gaulle et qu'ils se réconcilieront très vite en oubliant les morts. Moi, je ne veux pas oublier les morts ; j'ai vu sur les photos, ils ressemblent aux enfants de Mlle Sid Cara ; j'ai été trop content de les connaître pour accepter qu'on leur fasse du mal. Patience, avec les massacres d'octobre à Paris, j'aurai l'occasion d'y réfléchir encore plus. On peut tout savoir sans avoir rien vu, c'est bientôt mon anniversaire et c'est étrange, j'ai l'impression de grandir à toute allure.

On rentre par Orly qui est tout neuf et tout beau. L'an passé, il y a eu le *France*, en février, la fusée *Véronique* et le rat Hector qui sont allés dans l'espace presque aussi haut que Gagarine, et

*Une adolescence*

je viens de voir *Les Perses* à la télévision qui est beaucoup mieux que quand on se tape Corneille à la Comédie-Française. Ils le disent pas à «Salut les copains» que j'écoute tous les jours en rentrant du lycée, mais c'est sûr qu'ils le pensent : elle est drôlement jeune, la France du vieux de Gaulle ! Moi, je le sais, tonton François s'en doute, mais le Général, je suis pas sûr qu'il s'en rende compte...

Et puis je fais une découverte dans le style commissaire Bourrel : «Bon sang, mais c'est bien sûr!» : les Mitterrand et les de Gaulle, c'est la même famille. Évidemment, nous, les trois minets de l'avenue Victor-Hugo avec maman qui est si élégante et si belle, ses trois maris, le grand appartement super bien décoré, les jolies voitures et les vacances au soleil, c'est un peu comme si on s'en était échappés pour mener la grande vie, mais si on remonte un peu entre Colombey, Jarnac, Évian, c'est fou ce que ça se ressemble. Des maisons avec des jardins joliment ratissés, des gros meubles dont on a hérité, des portraits d'ancêtres inconnus qui ont l'air de nobles, pas comme ceux qu'on voit dans le Larousse mais pas mal quand même, de l'argenterie, de la bonne cuisine avec de la blanquette et du vacherin, des tas de cousins de province bien comme il faut et qui se ressemblent tous. La messe, les pensions catholiques, des curés sur les bords et des militaires à chaque

*1961 : L'Algérie...*

étage. L'Alsace et la Lorraine, les colonies, on ne parle pas d'argent, d'ailleurs le peu qui restait est parti avec les emprunts russes, on ne dit pas non plus qu'une dame est ravissante, on respecte les ouvriers et les mineurs parce qu'eux, au moins, ils travaillent, c'est pas comme les nouveaux riches, et on apprend l'allemand pour la prochaine guerre. Complets croisés et cols cassés, robes de la petite couturière, un peu de tennis à la rigueur, de sages lectures, du bon théâtre, quelques concerts de musique classique parce que les chansons, c'est pas sérieux, le cinéma, à la limite, mais après avoir consulté la cote morale à l'église, un bal à orangeade, puisqu'il faut bien en passer par là avant le mariage, horreur du divorce, évidemment, et en passant le plumeau dans les coins, un oncle resté célibataire et une tante qui a fait des bêtises qu'on évoque à voix basse et pas devant les enfants qui, de toute façon, ne parlent pas à table. Attention aux mauvaises femmes qui guettent les garçons, latin-grec pour les fils avec un peu d'anglais, mais tendance Fachoda plutôt qu'entente cordiale, savoir tenir une maison pour les filles, du piano pour tout le monde. Indulgence mesurée pour ceux qui prétendent à l'esprit fort et soutiennent que Colette et Gide, c'est tout de même intéressant. La grande affaire, c'est la patrie, le peuple dont on se méfie en fait partie quand il s'est pas

## *Une adolescence*

fait tourner la tête par les communistes, et le regard tourné vers la rive gauche du Rhin, on se félicite d'avoir passé l'éponge sur Dreyfus, puisqu'on n'a pas d'œillères et qu'il a fallu admettre qu'il était innocent. Vagues reliquats d'antisémitisme mais avec un bon médecin juif pour les enfants et méfiance confuse à l'égard des francs-maçons qui sont partout, mais sans qu'on sache exactement où. Tout est parfaitement en ordre et, pourtant, on ne s'ennuie pas. D'abord parce que cela ne se fait pas de s'ennuyer quand on a la chance de ne pas être né parmi les malheureux et, ensuite, parce qu'il y a la campagne, la nature, les réunions de famille, des tas de joies innocentes et de vertus rassurantes. Et l'idée vague mais puissante du progrès qui incarne notre belle France.

Bon, c'est comme ça que ça marchait avant, il y a longtemps, et il est sûr que je n'ai pas encore tous ces repères bien en tête, mais ils remontent quand je vais au catéchisme ou que papa et maman me racontent leur jeunesse avant la guerre. C'est à croire qu'ils l'ont passée chez leurs cousins de Colombey et que si on ne les voit pas dans les reportages de *Paris Match*, c'est parce que les photos sont floues. Et d'ailleurs, si tonton François est allé voir le comte de Paris quand il était en exil et si papa en parle toujours avec un respect affectueux, le général de Gaulle le fait aussi monter

*1961 : L'Algérie...*

dans sa voiture après les obsèques de son fils mort en Algérie ; c'est bien la preuve qu'on est de la même famille. Sauf que nous, on est aussi cousins de la reine d'Angleterre, à la mode de Bretagne ou de la main gauche, je ne sais plus, ça remonte à loin mais c'est sûrement «vraiment» vrai parce qu'il paraît que c'est raconté dans plein de bouquins d'histoire. Papa, du reste, en est très fier, même qu'il l'a dit à la princesse Margaret quand il a dansé avec elle à la tour Eiffel. La princesse a répondu oui, oui, très gentiment, comme s'ils étaient tous au courant à Buckingham. Enfin, c'est peut-être ce qu'elle répond aussi aux présidents africains quand ils dansent avec elle parce que c'est la fête de l'indépendance de leur pays et qu'ils la serrent dans leurs boubous en lui murmurant à l'oreille : «Maintenant, les Windsor et nous, on est pareils.»

*1962 : Complots, armées secrètes et règlements de compte*

« On ne veut pas tuer des gens, mais créer un climat psychologique pour faire disparaître de Gaulle. » Quand il parle du président de la République, Thibault ne dit jamais « le Général », ce serait trop respectueux, ni « le grand Charles », car dans ce cas, même si c'est pour se moquer, il y a quand même de l'affection ; non, de Gaulle tout simplement, et alors il y a une sorte de rage froide qui court dans sa voix. Thibault est pion au lycée, il est assez sévère et personne le chahute ; en pantalon de velours côtelé et veste anglaise, il a l'air d'un jeune homme distingué de la campagne, comme un des cousins de Charente ; il roule en 2 CV, et c'est aussi un étudiant en droit qui fait des études difficiles, genre doctorat ou thèse qu'on termine quand on est marié avec des enfants. Thibault a de bons copains parmi les autres pions ; certains portent des noms à rallonge et reviennent de leur service militaire au bled. Souvent, pendant

*Une adolescence*

la grande récréation de la demi-pension, on les voit qui parlent ensemble avec l'air de pas vouloir qu'on s'approche. En fait, bien qu'il ait la colle facile, Thibault est super sympa quand on le connaît; il est très instruit, il parle bien et je sens qu'il m'aime beaucoup. Thibault est «Algérie française», il transporte des armes dans sa 2 CV pour l'OAS, colle des affiches la nuit contre le général de Gaulle et sait parfaitement qui sont les gens qui posent du plastic; ce plastic qui explose à peu près toutes les nuits dans Paris. Thibault a confiance en moi, il me raconte ses missions, la lutte clandestine, comment ça se passera quand on aura expédié de Gaulle dans l'autre monde et que l'Algérie redeviendra comme au moment du 13 mai, mais cette fois-ci sans trahison ni retour en arrière.

Nous, au lycée, l'OAS, ça nous fascine vachement. C'est un peu pareil que la Résistance, en plus moderne; ou que la bande d'Erika dans un autre genre, mais ça, j'évite de le dire. Il y a des complots, des conjurés qui se parlent avec des noms de code, des attentats et des arrestations, des gens qui sont comme n'importe qui et qu'on retrouve chefs de réseau en couverture des journaux, comme Salan qui se cache dans des appartements avec une fausse moustache ou comme Bidault qui s'est échappé en se déguisant tellement bien qu'on se marre énormément à crier à

*1962 : Complots...*

des vieux messieurs croisés dans la rue : «Enlève ton masque, Bidault, on t'a reconnu!» Il y en a même qui sont allés se plaindre au proviseur. Maintenant qu'on a passé l'âge de dessiner à la craie le M de *La Marque jaune* sur les murs en brique du lycée, il y a pas mieux que l'OAS pour chercher une autre vie derrière celle qui se traîne chaque jour entre la classe et «Salut les copains». En plus, l'OAS, comme disent Thibault et les autres pions qui pensent pareil, c'est un combat pour la France, pour pas qu'elle soit en décadence et pour qu'elle tienne sa parole avec l'Algérie. On a perdu les colonies, bon, tant pis, c'était pas notre faute mais celle des Russes et des Américains, alors que pour l'Algérie, c'est pas la même chose, on y a tout fait – les routes, les trains, les écoles et l'Institut Pasteur, ce serait trop long de faire l'inventaire – et c'est chez nous comme Strasbourg qu'on a fini par reprendre aux Allemands et, ça, c'est définitif, personne le conteste. Et moi, j'ai même droit à plus de secrets ; on me montre des tracts, des listes d'objectifs à détruire ; s'ils m'accordent leur confiance, Thibault et ses copains, c'est sans doute parce que je suis le neveu de tonton François qui se bat contre le général de Gaulle, même si c'est pas du même côté ; dès qu'on est contre le général de Gaulle, pour eux, on est un peu OAS sur les bords. Les communistes, évidemment, ça ne

*Une adolescence*

compte pas, et de toute manière, dans un lycée du XVI®, des communistes, à l'exception du «surgé» qui pique-nique chez Franco il faut vraiment en chercher pour en trouver; surtout parmi les pions et les élèves.

Et pourtant, moi, je ne suis pas pour l'OAS; je peux pas comprendre toute cette violence vis-à-vis du général de Gaulle; tonton François, il passe son temps à le critiquer mais il le déteste pas, enfin pas comme ça, à l'injurier et à vouloir sa mort. S'il y a quelqu'un qui aime la grandeur de la France, c'est bien le général de Gaulle, et on pourra pas m'obliger à penser le contraire; il n'y a qu'à voir tous les rois et les présidents qui viennent lui rendre visite et la folie que c'est dans la rue quand il fait des voyages en province; il arrête pas d'en faire, d'ailleurs, des voyages en province, et on nous les montre le soir à la télévision avec des commentaires qui insistent pour dire que c'est formidable. La France qu'on voit dans les voyages du général de Gaulle, elle ressemble pas à celle que je connais; elle est pleine de Bretonnes ou d'Alsaciennes avec des coiffes comme sur les boîtes de biscuits, bourrée de toutes sortes d'uniformes, de curés en soutane, de gens simples qui portent des costumes de travailleurs avec des blouses, des vestes plus à la mode, des plastiques transparents sur la tête pour quand il pleut. Parce que, même s'il pleut ou s'il

*1962 : Complots...*

fait froid, quand ils savent que le général de Gaulle va venir, les gens, ils attendent, et ils sont enthousiasmés à l'idée de lui serrer la main et de lui dire un petit mot gentil. Le général de Gaulle, il aime beaucoup ça, « prendre des bains de foule » et il paraît que ça pose des problèmes avec ses gorilles au cas où il y aurait des types de l'OAS cachés au milieu des dames avec des cheveux bleus et des robes à petits pois ; ils sont sympa, les gorilles, le genre Lino Ventura qui est lui aussi un ancien catcheur, pas souriants mais sympa, avec leur air super solide et rassurant. Il y a même un ancien ambassadeur qui écrit des livres sur eux ; on appelle ça des « Série noire » et papa en a toute une collection ; le noir, de toute façon, c'est leur couleur. Puisqu'ils sont très forts, avec les muscles de Lino Ventura, ils s'habillent en noir pour faire discret et pour être assortis avec les DS et les costumes du Général quand il est pas en uniforme. En fait, ils seraient en habit d'Arlequin, ça serait idem parce qu'on les remarque quand même tout de suite ; bien sûr, si on les appelle les gorilles, c'est qu'ils sont aussi pas très intelligents et qu'ils pensent qu'on les verra pas avec leurs costumes noirs. Papa dit qu'il faut pas s'y fier, surtout qu'il y en a en Algérie qui sont bien plus terribles, à torturer et assassiner les gens de l'OAS et du FLN sans faire le tri, justement, et que c'est une honte

*Une adolescence*

pour le gaullisme d'engager des gens pareils pour régler des comptes en politique. « Les barbouzes », on les appelle, et rien que d'entendre ce nom, ça me flanque un peu la frousse. En même temps, toutes ces histoires, c'est top secret, il y a pas moyen de vérifier, et malgré ce que disent Thibault et ses copains, je suis certain que ce n'est pas le général de Gaulle qui a commencé. En plus, nous aussi, on a un gorille dans la famille, Roger Hanin, et il est super gentil ; c'est pas un gorille pour de vrai, seulement pour le cinéma, mais il y a des points communs ; il aime tonton François comme les gorilles aiment le général de Gaulle et il est d'Algérie comme ces gens qui se battent les uns contre les autres sans qu'on le sache ; en même temps, il est pour la paix et il fait rigoler tout le monde avec ses histoires drôles. Ça prouve qu'on peut être contre le général de Gaulle et pour les pieds-noirs, pour l'indépendance et pas dans l'OAS et dans tous ces trucs très dangereux.

D'ailleurs, quand j'ai parlé à Thibault de la petite Delphine Renard qui a été défigurée par une bombe au plastic, il a quand même eu l'air sacrément gêné ; il était très pâle et il m'a dit que c'était une erreur. La bombe, elle devait tuer Malraux, et c'est Delphine qui a tout pris ; elle a un œil foutu et l'autre qui marche presque plus. Au fond, Thibault, je crois qu'il n'aime pas beau-

*1962 : Complots...*

coup la manière dont les choses tournent. À la fin de la discussion, il m'a raconté qu'au métro Charonne, il y a eu aussi des morts à cause des flics qui ont provoqué une bousculade ; c'étaient des morts qui étaient contre l'OAS et ils ont été tués pareil par le gaullisme ; enfin, selon Thibault qui voit le général de Gaulle partout où il y a des problèmes et jamais quand ça va mieux. J'ai rien répondu, j'étais pas convaincu. En tout cas, Charonne, ça me rappelait les massacres d'octobre de l'année dernière, quand les Algériens du FLN ont manifesté à Paris et que la police les a matraqués violemment. Il y a eu une terrible dispute entre maman et mon frère Olivier. Maman disait qu'on ne pouvait quand même pas accepter qu'ils viennent faire la guerre en France et Olivier, très en colère, prononçait ce mot de ratonnade que je n'avais encore jamais entendu et qui résonnait sinistrement. En fait, on ne savait pas vraiment ce qui s'était passé, on n'avait pas montré grand-chose à la télévision, juste des Arabes qui levaient les bras et des cars de flics dans la nuit. Le XVI$^e$, même quand c'est pres, c'est loin de tout. Pourtant, quand Olivier disait qu'il y avait eu beaucoup de morts, des Algériens jetés dans la Seine, maman lui demandait : « Comment tu le sais ? Comment tu le sais ? », plus du tout furieuse, comme si elle était désespérée. Charonne, je dois reconnaître que

## Une adolescence

je l'ai pas vu passer, les gens qui mouraient étouffés dans la station de métro, j'ai rien remarqué. On était aux sports d'hiver à Megève avec mon ami Thierry. Il faisait super beau et on skiait avec des filles tout excitées parce qu'elles avaient reconnu Vadim dans la télécabine.

C'est sûr, aussi, que je comprends Thibault quand il a de la peine pour tous ces gens qu'on abandonne et je trouve qu'ils ont du courage, ses copains et lui, alors que maintenant, en France, on s'en fiche un peu, de l'Algérie. C'est comme si elle était partie, larguée au fond de la Méditerranée, tandis que la France, elle fait penser au paquebot dont Tante Yvonne est la marraine, voguant majestueusement sur un océan bien plus vaste et plus tranquille. Moi, par exemple, cet été, je suis en Angleterre pour la première fois et je vois bien ce qu'ils mettent sur le *Daily Express*; toujours des caricatures très rigolotes du général de Gaulle où il est en grenouille, en Louis XIV ou en Napoléon avec le chancelier Adenauer sur les genoux; et presque rien sur l'Algérie, juste des photos où on voit des massacres, des incendies, des gens qui s'enfuient vers la France sur des bateaux; on dirait les tremblements de terre en Amérique du Sud, des trucs où il y a plein de morts, mais qui n'intéressent pas vraiment et qu'on oublie très vite. C'est pareil que la poussière sur les monuments de

## 1962 : Complots...

Paris, qui étaient devenus complètement noirs à tel point qu'on les regardait même plus ; avec le ravalement, la poussière s'en va et les monuments redeviennent beaux, à croire qu'ils sont tout neufs. Comme dit maman : « Avec le général de Gaulle, on est bien obligé de tout ravaler, même son chagrin. »

Au fait, le général de Gaulle, qu'est-ce qu'il pense de la mort de Marilyn Monroe ? Il est à Colombey, il fait beau, c'est le mois d'août, ses petits-enfants font de la bicyclette devant la maison, on déjeune avec des plats en sauce et, l'après-midi, il y a de grandes promenades en forêt. Juste pour quelques jours, le temps de lire et de réfléchir avec sa famille autour de soi. Comme nous à Évian, avec papy, l'autre général qui dit aussi que *Le Monde*, on devrait l'appeler *L'Immonde*, et mamie qui est certainement une aussi bonne maîtresse de maison que Tante Yvonne. En France, un tout petit peu plus au sud, mais avec les mêmes livres, les mêmes photos, les mêmes souvenirs d'Afrique, le même calme après de grands voyages. Décidément, chaque fois que je vois un reportage sur Colombey je repense encore à la maison d'Évian, tellement ça se ressemble. Mon papy, Marilyn Monroe, il la trouve bien sûr très américaine, pas du tout comme il faut, mais aussi très gaie et très charmante. Il m'a emmené voir *Certains l'aiment chaud*

*Une adolescence*

l'année passée et après il a dit à maman que c'était un film idiot mais que ça avait amusé le gosse et que c'était le principal ; et puis il a ajouté, avec un chat dans la gorge, qu'il comprenait que Marilyn Monroe ait du succès. Quant à mamie, elle dit que toutes ces actrices sont en fait souvent des filles qui ont beaucoup de cœur, qu'elles gagnent certainement à être connues et qu'il ne faut pas juger sur la publicité et ce qu'on raconte dans les journaux. La mort de Marilyn Monroe, c'est marrant mais ça les touche ; papy dit que la vie en Amérique est, en fait, très difficile et mamie je suis sûr qu'elle pense à elle quand elle récite ses prières le soir.

Et à Colombey, comment ça s'est passé quand ils ont su la nouvelle ? Il a peut-être jamais vu de film de Marilyn Monroe, le général de Gaulle ; et Tante Yvonne sans doute qu'elle la trouvait franchement vulgaire ? Je ne sais pas pourquoi, mais je crois qu'ils sont moins ouverts que chez moi, à Colombey, pour ces histoires qui m'intéressent tellement. Je préférerais me tromper ; ce qui est bien, c'est d'imaginer Tante Yvonne sortant tout essoufflée de la cuisine où on prépare un bœuf en daube et qui interrompt le général de Gaulle dans sa lecture : « Vous savez, Charles, la petite actrice américaine dont Philippe vous a parlé, eh bien elle vient de se suicider. On l'a retrouvée morte dans sa chambre. » Et lui : « L'actrice américaine ?

*1962 : Complots...*

Quelle actrice américaine ? Grace Kelly, celle qui a épousé le prince Rainier ? » Et elle, encore : « Mais non, Charles, vous n'y êtes pas du tout ; la petite blonde plutôt ordinaire, celle qui avait épousé un écrivain communiste, voyons, vous la connaissez très bien, Marilyn Monroe, on en a beaucoup parlé lorsqu'elle a eu une aventure avec le chanteur Yves Montand, le genre Brigitte Bardot, mais comme ils aiment, un peu plus plantureuse. » Et le Général, qui vient de faire inscrire B.B. sur la liste des invités à l'Élysée, retirant ses lunettes, ses yeux fatigués un peu perdus vers l'horizon de la Champagne : « Ah, oui ! Marilyn Monroe, une bien jolie personne, sans doute trop originale pour la vie qu'on leur fait mener là-bas, à Hollywood. » Tous deux ensemble, après quarante ans d'intimité et d'amour fidèle : « Ainsi, vous la connaissiez donc ! » Mais les petits-enfants rentrent, ils sont très agités car ils ont vu des abeilles, le bœuf en daube n'attend pas.

Je lis, à la maison de la presse de la rue Nationale, le titre de *France-Soir*, en gros au-dessus de la photo : « Sous cette couverture, la plus belle fille du monde ». Il y a des cheveux blonds emmêlés qui dépassent d'une civière recouverte, le tout plombé par un flash. Trois semaines plus tard, encore à la maison de la presse rue Nationale, la

*Une adolescence*

première page, c'est l'attentat du Petit-Clamart quand la DS du Général et de Tante Yvonne a été mitraillée par le commando de Bastien-Thiry et qu'ils en ont réchappé par miracle. «À quelques centimètres près, ils rejoignaient Marilyn au paradis des stars». Ça, c'est mon titre, celui que j'aurais mis sur *France-Soir*. Le vrai titre devait être moins bien, car je l'ai oublié. C'est fou, cette manie de toujours vouloir que les gens que j'aime finissent par se retrouver.

*1963 : Tonton François juste en dessous du Général*

« Tu vois, je te l'avais bien dit, tous ces gens qui pensaient que tonton François était fini, eh bien, ils ont eu tort ! » Mon frère Olivier n'est plus gaulliste ; il vient d'être reçu à Polytechnique après deux années de travail acharné où je voyais sa chambre constamment éclairée lorsque je me réveillais dans la nuit, avec le murmure de la radio allumée pour lui tenir compagnie dans son labeur. Il a ainsi suivi tous les drames de la politique récente avec l'attention d'un prisonnier dans sa cellule à l'écoute du monde extérieur, et, maintenant qu'il recommence à sortir un peu, la bonne conscience épaisse de la France gaulliste lui paraît insupportable. Combien sont-ils dans son cas, de ces bosseurs entreprenants et charmeurs qui arrivent à l'âge d'homme en plein apogée du pouvoir du général de Gaulle et éprouvent le sentiment de buter contre une muraille aveugle qui occupe tout le présent et bouche l'avenir ? Beaucoup, peut-

*Une adolescence*

être, mais sans qu'ils s'en rendent encore compte. Le temps d'avant le général de Gaulle paraît désormais bien loin, les années d'Algérie pèsent encore très lourd, et le temps d'après est simplement hors de portée quand on est jeune. Comme ce qui est immuable doit sembler pesant à qui bouge et s'élève au prix d'énormes efforts ! Quant à mon frère Jean-Gabriel, il analyse avec une ironie subtile toutes les menues rebuffades que la bourgeoisie solidement nantie de notre beau quartier inflige à son humour détaché, ses élans sentimentaux vers de jolies jeunes filles issues de familles où l'on est gaulliste du côté du portefeuille et des vacances sur la Côte d'Azur. Bien sûr, rien de tout cela n'est très grave ; supporter les éloges appuyés du général de Gaulle à la table sourdement hostile des parents d'une fiancée de patinoire et se voir régulièrement refuser les invitations aux surprises-parties où se pressent des tombeurs à moto nettement plus dans la norme, ce n'est pas un sort très pénible à supporter quand on pense aux bidonvilles de Nanterre, à moins d'un quart d'heure en Solex de la maison. Mais c'est l'air du temps, tel qu'on le respire dans le XVI$^e$ quand on cherche à regarder un peu plus loin que les somptueuses frondaisons de l'avenue Henri-Martin.

L'horreur insidieuse, envahissante et tenace de tout ce qui rappelle tonton François parmi la plu-

## 1963 : Tonton François...

part des gens que nous côtoyons resserre toujours un peu plus la solidarité du cercle de famille ; les nouveaux arrivés, le troisième papa qui m'emmène au lycée le matin, la charmante jeune femme que papa a épousée et qui vient de nous donner un petit frère, sont sur la même longueur d'onde ; on est tous retranchés dans une sorte de forteresse. Maman a modifié beaucoup de ses habitudes de jolie femme qui sortait dans le monde, papa nous raconte plus souvent sa propre jeunesse religieusement dressée contre les préjugés du Jarnac si paisible d'autrefois. Ce sont de bons exemples pour mes frères qui ne flanchent pas ; leur liberté de penser intéresse d'ailleurs beaucoup leurs petites amoureuses, comme si elles respiraient un parfum d'interdit. Quant à moi, je suis le mouvement en continuant à lorgner en douce vers l'autre bord.

En tout cas, pour la famille, le général de Gaulle est devenu un genre de dictateur depuis le référendum sur l'élection du président au suffrage universel. « Coupe la télévision, me dit maman, il n'a pas le droit de faire sa propagande juste avant le vote pour avoir le dernier mot sur tous les autres », et le retour de tonton François comme député à l'Assemblée nationale est un peu notre 18 Juin à usage interne. Pour un peu, on s'exprimerait entre nous comme sur Radio Londres : « Le tonton François a cueilli de belles fleurs »,

*Une adolescence*

je répète, « Le tonton François a cueilli de belles fleurs » ou bien « Charles ramasse les feuilles mortes », je répète... On n'est pas à une contradiction près. À force d'être contre le général de Gaulle, on est vraiment tout contre. « Ils ont tout fait pour l'empêcher de passer, si vous aviez vu la violence qu'ils ont déployé, c'était à peine croyable ! » raconte papa qui vient de voir *Lawrence d'Arabie* et nous exhorte à l'endurance. Même la vieille analogie avec nos grands-parents maternels, figures très gaulliennes de vertus privées, ne suffit plus à établir un minimum de sentiment d'estime au quotidien. Le général de Gaulle, son style, ses méthodes indéchiffrables, son entourage servile ; Tante Yvonne, ses confitures, ses bonnes œuvres et ses cols d'astrakan ; c'est devenu carrément insupportable.

Moi, je viens d'avoir quinze ans, et tout me pèse : le lycée, la peur du bac, la différence d'âge d'avec mes frères, le manque de mon ami Thierry qui tourne comme un lion en cage en pension, des arrière-pensées inavouables qui m'enveloppent d'une méfiance universelle. Alors, le général de Gaulle et Tante Yvonne, je les garde comme repères et je persiste à les aimer dans mon coin. Le verbe du Général enflamme mes propres discours dans la salle de bains où je le salue comme à Cologne en pleine réconciliation franco-allemande, et traverse

## 1963 : Tonton François...

le miroir pour recevoir avec lui la bénédiction de Jean XXIII. Quant à Tante Yvonne, ça ne m'embête pas du tout qu'on la dise un peu prude ; j'en ai déjà marre des minettes du Racing qui changent de garçon comme de pull-over et elle, au moins, je suis sûr qu'elle me ferait des compresses si je recommençais à avoir des otites. Mais puisque je suis fier aussi de tonton François, dans la hiérarchie de mes admirations intérieures, je le mets en somme juste en dessous du Général et bien au-dessus de ses ministres. Ce sandwich mental incongru me convient à peu près ; il nourrit mon insatiable appétit de déclarations historiques ; tantôt, c'est le Général qui s'excuse pour l'affaire de l'Observatoire auprès du député revivifié de la Nièvre, tantôt, c'est la statue du Commandeur familiale qui présente ses condoléances au connétable pour la mort de son frère Pierre. Pourquoi Pierre, d'ailleurs ? Sans doute parce que je l'ai vu aux actualités lors de sa mort. J'ai été touché par la mélancolie qui émanait de cet inconnu, ombre modeste et sensible de son puissant aîné, aux traits si semblables mais comme un peu effacés par quelque incertitude intérieure, à l'évidence si bon, si doux et si dévoué ; j'aimerais tellement avoir ces qualités, je me sens moins doué que mes frères et je voudrais qu'ils me protègent ! De bizarres petits secrets qu'il est plus

## Une adolescence

sage de garder pour soi; il est vrai que je commence aussi à en avoir d'autres.

Au lycée, depuis la rentrée dernière, il y a un groupe d'élèves d'un nouveau genre; de jeunes rapatriés d'Algérie qui font souffler un vent de liberté et de fantaisie auquel les Parisiens casaniers que nous sommes ne sont guère habitués. Ils sont vifs, parlent fort, répondent aux professeurs, racontent des histoires salaces, font jouer leurs muscles quand on se change pour la gymnastique, orgueilleux de leurs corps déjà déliés devant nos poitrines creuses et nos jambes trop maigres. Querelleurs, ils se montrent sans rancune et leur gaieté m'attire comme une promesse de vie fraternelle et joyeuse. Les lèche-culs les maudissent de rafler des bonnes notes, les timorés les trouvent vulgaires, les hypocrites leur parlent des «événements» avec un faux air contrit, mais eux paraissent se ficher complètement de toutes nos petites peurs; on sait qu'ils ont vu des morts au pas de leur porte et que leurs familles s'entassent souvent dans de petits deux-pièces où le soleil du Sud n'est plus qu'un souvenir. Personne ne nous avait prévenus de leur arrivée, et voilà que leur présence fait brusquement sentir la réalité de la guerre d'Algérie. C'est une bonne leçon qu'ils nous donnent sans vraiment y songer, en étant seulement eux-mêmes,

## 1963 : Tonton François...

évitant de s'étendre sur un passé que l'on devine sacrément lourd et s'engouffrant en rigolant dans le métro Pompe pour y draguer les bonnes espagnoles qu'on regarde à peine dans les maisons bourgeoises où elles servent. Cette sensualité méditerranéenne qu'ils transportent autour d'eux me trouble d'une manière indéfinissable ; déjà que je me sens comme un renégat mais en plus si je me surprends à rêver à la piscine de me faire entraîner dans sa cabine par le champion du critérium de crawl oranais, j'ai l'impression d'écoper en vain dans une chaloupe en plein naufrage. Un seul remède pour reprendre mes esprits, je fonce dès la fin de la classe sur mon transistor et « Salut les copains » pour retrouver la voix chaude de Daniel Filipacchi qui a toujours quelqu'un de nouveau et de sympa à me faire connaître : Françoise, Sylvie, Johnny, Richard et Petula, quinté d'or auquel s'agrègent Eddy Mitchell, Lucky Blondo, Claude François, Frank Alamo, les Surfs et tant d'autres dont on ne saura bientôt plus rien : Vic Laurens, Jacky Moulière, Claudine Coppin... Mes frères, ils trouvent ça minable, cette passion pour « Salut les copains » et ils me le font vertement sentir ; ils ont Truffaut, Raoul Walsh et la Cinémathèque pour affirmer leur supériorité, et quand ils retrouvent leur pote Maxime, ils se prennent pour Jack Kerouac et

*Une adolescence*

William Burroughs. Tant pis, ce ne sera qu'un complot clandestin de plus.

« Franchement, ce gros Erhard, comme chancelier après Adenauer, ça ne m'inspire pas confiance. Il n'a pas la taille du Général et il va lui faire des ennuis. » Moi, le gros Erhard, je n'ai pas beaucoup de lumières sur lui mais je ne peux qu'acquiescer lorsque le prestige du Général paraît menacé. Le plus curieux dans cet échange, c'est qu'il se tient à Santiago du Chili où papa m'a envoyé pour me récompenser d'avoir réussi à mon examen probatoire, ce premier bac qui n'ose plus avouer son nom. Famille nombreuse expatriée depuis trois générations, on parle « fragnol » entre jeunes, hiver austral avec cheval dans la pampa et ski sur la cordillère des Andes. Atmosphère chaleureuse d'innocence et de modestie ; si loin de Paris, c'est une France idéale et préservée où je peux mener une vie heureuse de rescapé. On y adule le général, aucun trouble sensuel à l'horizon et je n'ai plus à me persuader avec une âme de chrétien des catacombes que non, vraiment non, Sheila n'est pas une ringarde. L'un des avantages des grands voyages, c'est qu'on peut tout mettre en perspective sans être obligé de se justifier ni de faire le tri.

De toute façon, hormis l'échappée chilienne, l'année n'aura pas été bien gaie et carrément

*1963 : Tonton François...*

sinistre sur la fin. Un soir de mars, en pleine grève des mineurs, alors que tout semble virer au froid, à la grisaille et à l'amertume, papa évoque au dîner la mort de Bastien-Thiry, que l'on a fusillé à l'aube. En termes mesurés, avec beaucoup de gravité, sans laisser son opposition de principe au général de Gaulle glisser vers un jugement polémique sur un refus d'accorder la grâce au cerveau de l'attentat du Petit-Clamart, mais en témoignant d'une compassion réelle pour le soldat perdu. Mon père est juste dans ce qu'il dit et si le monde des adultes, dont le temps me rapproche, est beaucoup plus dur que je ne l'avais imaginé pendant mon enfance, il ne faut pas en avoir peur lorsque les conflits politiques sont abordés comme papa en parle. On a montré la DS noire du général de Gaulle à la télévision criblée de balles. Les gens en ont profité pour raconter n'importe quoi, parler de baraka et voir des complots partout. Ça rend pas très intelligent, ce genre d'événements. Tout le contraire de papa. À la rentrée, ce sont Édith Piaf et Jean Cocteau qui meurent le même jour ; la classe se divise illico entre une majorité de culturellement forts qui prend officiellement le deuil du poète et une minorité misérable d'abrutis des variétés qui ne regrette rien si ce n'est la chanteuse. J'appartiens, évidemment, à la seconde catégorie. En plus, il paraît que le général de

*Une adolescence*

Gaulle a dit à Macmillan en lui fermant la porte du Marché commun : «Allez, ne pleurez pas, Milord!»; c'est avec des trucs comme ça que j'arrive à tenir un peu le cap.

Après, c'est Dallas, Kennedy assassiné, le polar mafieux qui nous passionne mes frères et moi, encore mieux que dans les films de gangsters américains avec son lot d'illuminés, de conspirateurs et de flics véreux. Et il y a évidemment la grande silhouette en uniforme écrasant de sa présence le cortège des funérailles. La reine Frederika de Grèce marche à côté de lui tout en noir avec un clip de diamants qui étincelle, visage fermé et port altier. Il faut reconnaître que l'heure n'est pas à la rigolade dans cette impressionnante brochette de rois et de présidents qui passent devant Jackie et les enfants, mais Frederika, en plus d'être à peu près la seule femme, elle a quelque chose de particulier pour moi : elle ressemble à maman. Belle, fort caractère, grand style. Il paraît que les Grecs la détestent après l'avoir adorée. Je m'en fiche : aux obsèques de Kennedy, c'est papa et maman qui défilent. Il paraît que tout le monde se souvient de ce qu'on faisait, de l'endroit où on se trouvait à l'annonce de la mort de Kennedy, moi, je suis pareil, je me rappelle très bien les circonstances, mais à quoi bon? À cet instant, je n'ai plus le cœur à fixer de belles images. Mon meilleur ami

*1963 : Tonton François...*

Thierry est en train de mourir d'une leucémie foudroyante comme Eva Perón, Kay Kendall, Sylvia Lopez, le petit garçon de Red Skelton, il faut toujours que je fasse des listes pour me sentir moins seul. Nous ne deviendrons pas des hommes ensemble, et l'année, mon enfance, tout autour de moi s'enfonce sans retour dans un brouillard sombre et une douleur lancinante.

*1964 : Le mammouth increvable*

« Mais enfin, ce type, il est increvable, on n'en sera jamais débarrassés ! » La directrice du Nidou, le home d'adolescents où j'ai échoué pour faire une semaine de ski, ne supporte pas le général de Gaulle. Elle lui voue une haine animale qui ne se complique d'aucun argument logique ; elle n'est pas « Algérie française », pas de gauche, pas nostalgique de la IV$^e$ République et pas amoureuse d'un moniteur qui en aurait eu marre de voir les dames du XVI$^e$ s'emmêler dans leur christiania et se serait vengé en devenant communiste. C'est au demeurant une brave fille plutôt sympathique, un peu forte et, paraît-il, assez chaude quand les grands mettent « I Want to Hold Your Hand » sur le Teppaz en proposant une petite boum improvisée. Elle a connu Brigitte avant La Madrague, quand Saint-Tropez, c'était pas encore envahi, et elle trouve que la campagne de publicité « Bébé aime Charrier », c'est pas très fair-play ; c'est dire si elle

*Une adolescence*

a le sens de ce qui est chic et comme elle est à la page. Au Nidou, en fait, on s'en fout, des déclarations enflammées de Mme la directrice contre le général de Gaulle, surtout qu'il y a beaucoup d'Italiens, de Persans et de Japonais qui ne savent pas très bien de qui elle parle avec tant de rage; ils préfèrent comparer l'état de la neige et les petites Anglaises du home d'en face. Moi, elle me fascine, cette aversion brute, sourde à toute discussion et à tout raisonnement; d'ailleurs, je la connais très bien pour l'avoir souvent rencontrée; des chauffeurs de taxi, des pions au lycée, le marchand de primeurs qui devient rouge comme ses tomates dès qu'on lui parle du Général, mais aussi parmi les parents de copains du lycée qui semblent pourtant bien tranquilles au premier abord au milieu de leurs meubles Empire où «Vous entendez, jamais, au grand jamais, on ne mettra un téléviseur»; tant d'autres encore, gens aimables et souriants en d'autres circonstances; il suffit qu'on les mette doucement sur le sujet et ils démarrent en trombe. Chacun y va de sa petite histoire, de son anecdote personnelle tirée aux meilleures sources, le florilège de l'hostilité est inépuisable. Le général de Gaulle est sans doute si présent, planant sur tant de vies ennuyées, qu'il sert de miroir aux échecs et stimule les élans de fureur domestiques. Le chapitre de son apparence physique assure des

## 1964 : Le mammouth increvable

débordements d'éloquence : il est énorme, il n'a pas de regard, ses gestes sont grotesques, on ne comprend rien à ce qu'il dit, et «Moi, dès que je l'entends, j'ai envie de casser la radio, sa voix me fout en boule». L'arrogance, les manières de souverain sont évidemment intéressantes à développer, elles servent à structurer l'animosité comme des poutrelles d'acier soutenant le mur de haine, mais ce n'est pas l'essentiel. Pour que le martèlement fasse vraiment du bien, il ne faut surtout pas rater le corps du Général, ce grand corps si étrangement bâti dont on redoute la puissance et dont les épaules étroites, les yeux éteints, le gros ventre, les longues mains féminines trahissent une mystérieuse fragilité. Ainsi, là où ces ennemis infatigables qu'on rencontre un peu partout prennent décidément le mors aux dents et deviennent intarissables avec une sorte d'espoir macabre au bout de leurs démonstrations, c'est quand on aborde le registre de la santé du général de Gaulle. Il y a d'abord une certitude, c'est qu'il est beaucoup trop vieux pour être président Non qu'il soit gâteux à proprement parler, mais enfin, ce n'est pas possible, à son âge, il doit avoir des absences; d'ailleurs, il est aveugle, précisément, ça crève les yeux, autrement, il ne porterait pas des lunettes pareilles avec des verres épais comme des soucoupes. En plus, il est forcément malade avec la

*Une adolescence*

vie qu'il mène, à recevoir le monde entier et à voyager sans arrêt; personne ne pourrait résister à un tel régime; s'il en fait tant, c'est parce qu'il sait qu'il va bientôt mourir. Inutile de hasarder qu'une légère contradiction paraît s'être glissée dans ce diagnostic crépusculaire; entre les images du vieux cacochyme que son entourage dérobe à la légitime attention des citoyens et celles du mammouth pétant de vie qui brûle son temps par les deux bouts, l'armée anonyme des futurs croque-morts du Général n'hésite pas une seconde; elle prend tout en bloc et se souvient qu'elle a des lettres : « La vieillesse est un naufrage. »

Ils doivent mener une existence bien amère, ces bons apôtres du témoignage de première main et de la rumeur « il n'y a pas de fumée sans feu », leur illustre moribond n'arrête pas de leur donner du fil à retordre. Pour eux, le voyage triomphant au Mexique est un désastre qui insinue le doute le plus affreux; et s'il était quand même un peu en forme? *Marchemos la mano en la mano* résonne comme la résurrection de Lazare, mais patience, c'est sûr qu'il a besoin de se doper à coups de foules d'étrangers débordant d'enthousiasme. Ça remplace le Bogomoletz, la gelée royale et les injections de cellules fraîches de la doctoresse Atlan. Et d'ailleurs, qui sait, il y a peut-être eu recours? Vient le coup fumant de la prostate,

## 1964 : Le mammouth increvable

enfin du concret, l'espoir renaît, c'est une vraie bonne nouvelle à propos de laquelle aucune contestation n'est de mise. Rien que cette conférence de presse la veille, c'est un signe qui ne trompe pas, comme s'il savait lui-même qu'il n'avait que peu de chances d'en réchapper. À cet âge, c'est mauvais, la prostate, ça veut dire cancer, rayons et tout le tremblement ; et de décrire le service, les professeurs et les symptômes, le sens caché des bulletins officiels comme si on venait de passer interne des Hôpitaux de Paris ; et puis justement, ça tombe bien, on connaît un interne, un type très bien qui ne dirait pas n'importe quoi et qui observe le secret professionnel, or, précisément, il a assisté à toute l'opération et il a confirmé le pire. Un petit problème quand même : un mois plus tard, c'est l'inauguration du canal de la Moselle avec sa vieille copine, la grande-duchesse de Luxembourg, et en octobre un autre voyage en Amérique latine avec des milliers de kilomètres parcourus, presque autant de discours, de visites et de cérémonies, de mains serrées ; le général de Gaulle exsude l'énergie et la maîtrise de soi. Je suis le périple fou à la télévision tel un feuilleton enivrant de chaleur et d'entrain. Désolé, madame la directrice du Nidou, et vous tous les Diafoirus du malheur à la petite semaine, il est vraiment increvable, il va falloir encore attendre pour nous

*Une adolescence*

en débarrasser, et ça me fait drôlement plaisir. Heureusement, à la maison, l'inimitié est généralement plus sereine et elle se garde bien d'emprunter ces vilains petits chemins.

Si l'on parle tellement de la santé du général de Gaulle, c'est peut-être aussi parce qu'on est obsédé par la santé, tout court; la bonne santé s'entend, celle qui permet aux jolies filles de montrer combien leur corps est sexy en minijupe, et celle des sportifs qui nous vengent des défaites qu'on a connues quand la V$^e$ République des ventres plats n'avait pas encore écrasé la IV$^e$ de l'apéro et de la brioche. Les sœurs Goitschel qui disent tout le temps des gros mots, mais c'est normal, elles sont des vraies filles des montagnes, Kiki Caron encore plus forte que les nageuses d'Allemagne de l'Est alors qu'en France, en plus on a pas triché en lui refilant plein de médicaments pour qu'elle devienne comme un homme tout en restant un petit peu une fille, juste assez pour les contrôles. Éric Tabarly, le nouveau Surcouf, un vrai loup de mer qui sait aussi s'y prendre avec les dames, vu que Brigitte Bardot a dîné avec lui et l'a trouvé sensass. On croirait qu'il n'y a que des sportifs à la télévision quand c'est plus le général de Gaulle. Enfin, j'exagère un peu, car on a eu aussi Mme Dassault, la grand-mère courage que des gangsters ont enlevée comme

## 1964 : Le mammouth increvable

Éric Peugeot, et ont même gardée un peu plus longtemps avant de la relâcher. Si on y réfléchit, Mme Dassault, c'est aussi une sportive, dans son genre : elle a tenu le coup contre des types qui passaient leur temps à vouloir l'enfermer dans un placard. Et les mineurs de Champagnole, pas des sportifs, eux aussi ? Enfermés, ils l'étaient bel et bien ; tout au fond d'une mine qui s'était éboulée sur eux comme autrefois à Marcinelle. Eh bien, les mineurs de Champagnole, ils ont résisté plusieurs jours et on les a sortis sains et saufs. Tous des sportifs, tous des héros comme Maurice Herzog, l'alpiniste qui est ministre et que la montagne Anapurna a failli garder, il est tellement fort et courageux que finalement elle a gardé que ses doigts et a laissé redescendre le reste. Quand on se traîne misérablement au stade tous les mercredis après-midi et qu'on n'est pas fichu de sauter plus d'un mètre en hauteur, ça flanque un peu le cafard, toutes ces performances, heureusement qu'on en rigole avec mes frères, même s'ils sont nettement plus forts que moi. Les sœurs Goitschel, par exemple, s'ils les trouvaient dans leur lit, ils préféreraient aller dormir à la cuisine alors que Kiki Caron, peut-être qu'ils en auraient un peu peur au début, mais avec ses épaules larges elle ressemble à Kim Novak, et ça, c'est vraiment un compliment. Pour

## Une adolescence

les mineurs de Champagnole, je ne sais pas la réponse, on n'en a pas parlé.

En fait, d'être dernier en gymnastique, ça ne m'empêche pas d'avoir mon bac, même si c'est super juste; passable livret à cause de tous les points qui manquent. Il faut reconnaître que je suis décidément toujours aussi nul en maths, ce qui est un comble selon papa, vu les polytechniciens qu'il y a dans la famille; c'est aussi fichu pour Saint-Cyr où on demande maintenant des cracks dans les matières scientifiques; officiellement, s'il m'arrivait de parler de Saint-Cyr, c'était à cause d'oncle Jacques, mais en fait on aura compris que je pensais aussi à quelqu'un d'autre. « Tu feras des études de lettres ou bien Sciences Po et ce sera très bien, comme ton oncle François », me dit maman pour me consoler. Oui, comme toujours, je vais d'un bord à l'autre, quoique je continue à poursuivre mes petits secrets, d'un peu loin et l'air de rien. Par exemple, si je vais en Russie avec mon copain Francis, qui est à moitié belge et qui trouve que c'est vraiment bizarre que je lui parle sans cesse de la reine Fabiola, c'est beaucoup moins innocent que ça en a l'air. Fabiola, c'est une reine très chic, gentille et malheureuse, qui ne peut pas avoir d'enfant et avec un prénom invraisemblable de martyre chrétienne. Bref, une incomprise, comme moi, tout à fait mon genre.

*1964 : Le mammouth increvable*

Je comprends que ce doit être un peu difficile à expliquer. Bon, pour le voyage en Russie, il faut rappeler que le général de Gaulle vient de reconnaître la Chine populaire, papa pense que c'est une bonne décision, donc ça veut dire qu'il faut pas avoir peur des pays communistes et que ça vaut le coup d'y aller pour se rendre compte. Évidemment, la Russie, c'est pas la Chine, d'autant plus qu'ils sont brouillés et presque en guerre, mais c'est de là que le communisme est venu et en plus le général de Gaulle et les dirigeants russes, ils se respectent beaucoup. Il n'y a qu'à voir comment il lui parle, Khrouchtchev, au général de Gaulle ; super aimable, vraiment poli, rien à voir avec le coup de la chaussure sur la table comme a l'ONU. La Russie donc, en car parce que c'est ce qu'il y a de moins cher, avec des petits vieux de Saint-Denis et de Villeurbanne qui chantent « Le Temps des cerises » et qui considèrent que le communisme, c'est valable : « Ils ont fait beaucoup de choses pour les ouvriers, mais alors là, pour la nourriture, c'est vraiment zéro, on mange beaucoup mieux en France. » C'est beau, la Russie, sauf qu'à Moscou, comme il fait mauvais temps, il y a des visites qui sautent ; finalement on n'aura pas vu grand-chose, seulement la piscine pour cinquante mille baigneurs et le stade de l'université. Encore des sportifs ; je comprends un peu mieux

*Une adolescence*

pourquoi les Russes ils s'entendent si bien avec le général de Gaulle ; moi je pensais plutôt à *Normandie-Niémen*, le film que j'ai vu au Cinémonde à Évian ; ça doit tout de même compter aussi *Normandie-Niémen*, pour les Russes, quand ils rencontrent le général de Gaulle, il suffit de voir le nombre de monuments aux morts qu'ils ont dans leurs villes ; et puis à Varsovie et à Berlin-Est où c'est plus la Russie mais où c'est communiste pareil. C'est encore détruit, Berlin-Est, et à Potsdam, c'est pire encore ; on dirait une grande place où il n'y aurait que des pierres entassées les unes sur les autres ; les gens vivent dans des caves, et quand ils lèvent la tête il y a des slogans partout pour la paix et autant de drapeaux rouges. Je suis pas sûr que ça les console de vivre dans des caves et j'imagine qu'on serait plutôt furieux dans la famille si l'avenue Victor-Hugo avait été démolie comme Potsdam et qu'on se réveillait encore dans les décombres avec toutes ces réclames sur la chance d'être communiste. À voir toutes ces destructions, je me demande une fois de plus si j'aurais eu le courage de me battre pendant la guerre.

Jean Moulin, lui, n'a pas hésité à rejoindre de Gaulle, et c'est pour ça qu'on lui rend hommage sur l'esplanade des Invalides en plein mois de décembre où il fait un temps affreux avec un vent glacé et une pluie battante. Maman regarde la

*1964 : Le mammouth increvable*

télévision avec moi et je sens bien qu'elle est émue par la cérémonie et le discours de Malraux ; c'est comme papa lorsqu'il est d'accord pour qu'on reconnaisse la Chine populaire ; mes parents ont beau voter contre le général de Gaulle, ils ne peuvent pas s'empêcher de l'admirer quand même ; ce n'est pas seulement à cause des souvenirs ; il y a quelque chose d'autre dont ils se méfient quand ça dérape, mais qu'ils lui reconnaissent lorsqu'il fait de beaux gestes comme ceux-là ; un rêve de France qu'ils partagent avec lui. Et moi, ça me rend heureux, surtout quand je le regarde comme ce soir, pendant la cérémonie, éclairé dans la nuit, immense au milieu de la foule et de la tempête, immobile comme un totem.

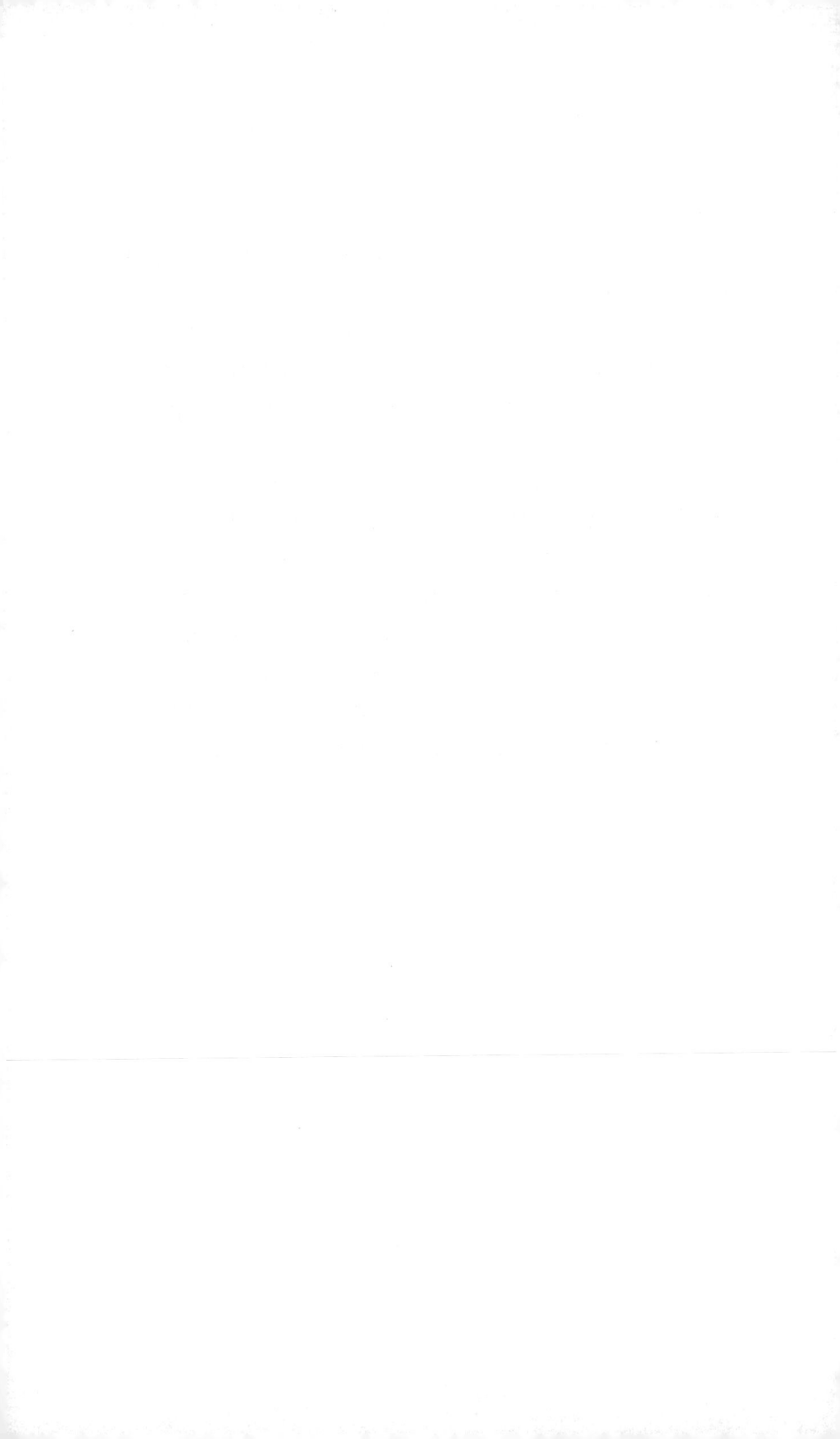

## 1965 : Tonton François est candidat

« Si vous vous donniez la peine de lire ce livre, vous comprendriez qu'il n'existe qu'une seule source à la bonne littérature française : les humanités gréco-latines ! Tout le reste n'est que rétroviseur pointé sur les romans américains et bafouillis radiophonique. » C'est *Le Coup d'État permanent* de tonton François que le prof d'hypokhâgne me brandit sous le nez comme pour mieux assommer ma nullité de cancre. Le prof adore *Le Coup d'État permanent* et il nous en cite de longs passages avec délectation ; chacune de ses envolées sur des morceaux choisis s'achève invariablement par un interminable regard accusateur, bientôt relayé par trente autres, qui me pétrifient derrière mon pupitre.

Non content d'être un piètre connaisseur des gloires et des œuvres de notre histoire littéraire, je suis l'objet d'une dénonciation rampante comme traître à ma famille et à la démocratie ; à force de

*Une adolescence*

me vautrer dans l'ignorance et les barbarismes, j'ai inventé, pour cet intraitable censeur littéraire et politique, l'*onclicide*, qui est un état encore plus criminel que le parricide. Il faut bien admettre que j'ai accumulé les bévues pour en arriver à cette situation misérable : au début de l'année scolaire, j'ai cru malin de répondre à ses doucereuses demandes d'une confession sincère que j'aimais beaucoup les romans policiers de James Hadley Chase, aveu certes un peu crâneur, mais qui valait bien les tartufferies de mes camarades, tous officiellement suralimentés au Camus et à l'Aragon.

Le soupçon était entré dans la tête du professeur, bientôt confirmé par mes calamiteuses explications de textes de Malherbe et d'Agrippa d'Aubigné. Mais le soupçon de quoi, au juste ? Le maître inquisiteur me sentait dangereux malfaiteur sans pouvoir déterminer exactement la nature de mes vilenies. Vint, après une première série de démonstrations sur la permanence de la phrase latine chez les bons écrivains français, la maladresse insigne que je commis en citant les *Mémoires de guerre* du général de Gaulle dont je venais d'achever la relecture passionnée.

C'était pas si mal vu, pourtant on croirait qu'il s'agit d'une version modernisée de *La Guerre des Gaules*, mais cette timide tentative pour amadouer l'adversaire s'était heurtée à une incompatibilité

## 1965 : Tonton François est candidat

d'humeur fondamentale. Si j'avais introduit une collection de Paris – Hollywood dans un couvent de carmélites ou une gousse d'ail à un dîner de vampires, les faits auraient sans doute été moins funestes pour ma réputation. Un gaulliste, enfin un, et même pas un petit peu honteux, non, abrité sous une identité trompeuse, béatement satisfait de son sort et reconnaissant volontiers ses crimes, dans cette classe où circulaient les pétitions contre la guerre du Vietnam et le portrait du Che ; on ne pouvait rêver meilleure cible.

La carte du Tendre des opinions politiques avait, il est vrai, changé de boussole au lycée après le gué fatidique du bac ; avant, l'écrasante majorité, scotchée devant les vitrines de Renoma à la sortie, professait un conservatisme de bon aloi où tout était parfaitement à sa place ; les boums, la mobylette, les Beatles et le grand Charles comme une fatalité sur laquelle on ne s'interrogeait plus. J'étais le marginal un peu demeuré mais avec des excuses, qui soutenait que «François Mitterrand, tout de même, c'est un homme qui représente quelque chose» et mes plaidoiries se perdaient dans le vague. Après, virage à cent quatre-vingts degrés, les hypokhâgneux viennent de contrées lointaines situées bien au-delà de la place de l'Étoile et les profs ont fait Normale avec Jean-Paul Sartre ; c'est tout juste s'ils ne nous parlent pas de

## Une adolescence

Simone comme Yves Montand de Signoret; pareil qu'en chimie, toute l'éprouvette a subitement tourné au rouge; et puis il y a des filles, désormais, cathos aux jambes poilues ou éthérées blondissimes, elles n'en pincent que pour les intellos en canadienne qui leur parlent de Nizan et de Malcom X. Le simplet que j'étais est devenu un individu peu recommandable qui défend un social-traître politicard traînant la casserole de l'Observatoire et qui chauffe ses vicieux penchants à la prose du dictateur. La gentille petite Rose est bien la seule qui aimerait me soutenir, mais elle me prend pour Musset, et moi Musset, ça me tombe des mains. Bref, c'est toujours la vieille rengaine où je chante à contretemps avant de me suicider théâtralement au milieu de la chorale et sous les yeux écarquillés du chef d'orchestre lorsque j'avoue ne pas avoir lu le fameux *Coup d'État permanent* qui résonne à mes oreilles plutôt comme un coup de grisou. Je le lirai, d'ailleurs, le livre de tonton François, dont papa me parle d'une manière nettement moins grondeuse; aux vacances de Pâques, c'est-à-dire beaucoup trop tard pour rattraper mon handicap et me pourvoir en appel de ma condamnation; et comme il se doit, le pire, c'est que je trouverai cela plutôt bien, avec tout ce qu'il faut effectivement de phrases latines pour me laisser penser une fois de plus que

## 1965 : Tonton François est candidat

le général de Gaulle et tonton François, c'est finalement le même monde qui continue. Allez comprendre ce qu'il y a dans la tête d'un adolescent de dix-sept ans qui juge l'existence avec les yeux de Rantanplan dans *Lucky Luke*. Enfin, il y a le mariage de Johnny et de Sylvie pour retrouver un peu le moral, et tant pis pour *non solum... sed etiam*, moi, au moins, *da dou ron ron*, je sais ce que ça peut vouloir dire, même si c'est pas traduit dans le Gaffiot.

Dûment recalé de toute promotion en Khâgne, mes résultats ayant rejoint les ténèbres du chaos congolais, j'ai quand même le privilège d'accompagner six jeunes filles de ma classe dans un voyage estival et initiatique en Grèce, terre nourricière de ces humanités qui m'ont été si défavorables. C'est un périple magnifique qui s'achève dans l'âcre fumée des bombes lacrymogènes athéniennes : le roi Constantin vient de renvoyer son Premier ministre Georges Papandréou, et, la capitale prenant fait et cause pour l'auguste vieillard contre le morveux couronné, l'asphalte brûle sous les yeux conjugués du soleil et des passions helléniques. Nous dormons sur les toits d'une famille ultra-républicaine en pyjama qui, n'ayant pas fait hypokhâgne dans un lycée parisien, nous gargarise de la formule sans réplique selon laquelle Georges Papandréou, c'est la version grecque du

## Une adolescence

général de Gaulle. Encore un conflit cornélien : la fastueuse royauté grecque de maman Frederika découverte en parcourant les souvenirs de la dynastie au musée Benaki, délicieusement vide et poussiéreux quand le musée d'Athènes entasse des hordes touristiques lobotomisées, me semble forcément beaucoup moins malfaisante que nos hôtes volubiles ne s'acharnent à la décrire, tandis que le côté « frère de lait » unissant les deux grands hommes d'Athènes et de Paris me trouble comme un jeu de miroirs déformants. Finalement, je me surprends à applaudir frénétiquement Georges Papandréou au milieu d'une foule en délire, alors qu'il passe lentement en limousine sur la place Omónia. Une bonne leçon de morale grecque, en somme : la ferveur de la rue est une ivresse dangereuse aux âmes encore mal trempées. De toute façon, Constantin le *basileus* en Ferrari jouant le rôle de tonton François, en deuxième choix qualité supérieure, ça prouve que j'ai sacrément besoin de prendre encore un peu de vacances. Je les prends à Évian en préparant Sciences Po. Tout s'annonce tranquille avec le vade-mecum du candidat à cette honorable institution : l'histoire contemporaine, les merveilleux manuels de Lucien Genet, les faits d'actualité sur lesquels il faut disserter en trois parties. « Churchill et Weygand sont morts récemment à quelques jours d'intervalle, quelle réflexion vous

## 1965 : Tonton François est candidat

inspire cette coïncidence ? » Ou encore : « Comment analysez-vous la démarche politique de M. X, candidat de l'opposition à la prochaine élection présidentielle au suffrage universel ? » De bonnes questions bien rassurantes après une année sur le qui-vive, à se faire étriller par des spadassins shootés au Lagarde et Michard et au *Petit Livre rouge*. Pour Weygand, j'essaie d'imaginer son état d'esprit lorsqu'il est obligé d'endurer les triomphes successifs de l'officier félon dont il avait obtenu la condamnation à mort durant la guerre. La première fois, peut-être n'était-ce qu'un sentiment de défaite, pénible, mais somme toute dans l'ordre des risques normaux lorsqu'on est militaire ; avec, en plus, le soulagement de voir le vainqueur quitter le pouvoir, s'effacer dans l'oubli de la multitude. Mais la seconde, en 1958, alors que Weygand lui-même atteignait une extrême vieillesse honorée comme celle d'un maréchal de France – qu'il pensait sans doute mériter d'être après que la débâcle eut été tant de fois racontée sous l'éclairage d'une succession de hauts faits d'armes ? Que de haine recuite et de rage impuissante, sans doute, distillées au long de conférences moroses devant des publics de vieux académiciens pétainistes et de dames à bichons louchant sur les petits-fours. J'avais vu une série d'émissions à la télévision sur 1940 où le généralissime narrait sa guerre, et

## Une adolescence

j'avais été très impressionné par la vigueur glacée du personnage, la clarté de ses exposés, sa présence au physique de vieil Indien sec et implacable. Affronter un ennemi et perdre la partie, c'est une chose, il reste des années ensuite pour panser ses blessures et se dire que le temps apporte l'autre victoire d'être encore actif et bien vivant. Le voir resurgir comme Monte-Cristo quand on a réussi à se refaire une réputation et subir son omniprésence auréolée de gloire, comme ce doit être amer ! Pour Churchill, funérailles grandioses en Eurovision, et pour Weygand, Saint-Philippe-du-Roule bourrée d'anciens collabos et de jeunes gens aux cheveux ras ; je me demande ce que le général de Gaulle a dû penser de ces fins de films dont il a cosigné une partie des scénarios. À propos de M. X, en revanche, je suis drôlement sec. D'abord, M. X, on sait très bien qui c'est ; Gaston Defferre, le maire de Marseille. Pas l'homme de Rio, que tout le monde est allé voir au cinéma, plutôt l'homme invisible qui enlève ses bandes Velpeau pour se montrer et alors justement il y a plus rien à voir. Il est sympa Gaston Defferre, il a réalisé plein de choses bien dans sa carrière, mais je me sens pas très en verve pour argumenter le pour, le contre et la synthèse comme c'est marqué sur les sujets corrigés du concours

## 1965 : Tonton François est candidat

Et, en plus, il vient de laisser tomber et c'est une très bonne raison pour faire pareil. D'ailleurs, personne ne pense que le général de Gaulle ne sera pas élu ; en somme il est président à vie ; la sienne, la nôtre, même s'il y a des élections et des référendums pour pas qu'on s'ennuie trop. Et puis, au fond, ça m'arrange plutôt ; dans la même barque que le général de Gaulle, il y a aussi tonton François en contre-président, c'est une manière comme une autre d'être ensemble. Au cas où je n'aurais pas suffisamment réfléchi aux conséquences, il me les rappelle certains matins de septembre où je m'éveille dans ma gentille chambre d'Évian pleine de bouquins d'étudiant, tout content à l'idée de m'y replonger et inconscient du danger. Je mets la radio, la nouvelle stupéfiante me vrombit dans les oreilles : tonton François est candidat contre le général de Gaulle. Et allez, paf, ça recommence, fini les bonnes petites vacances qui devaient durer à peu près toujours. Cette fois, impossible de s'enfuir ou de gérer à la petite semaine, les chefs gaulois sont dans la plaine et il y a rendez-vous pour décider de l'avenir. Le vol du papillon affolé entre deux ampoules, le Cid en métro qui parle général de Gaulle à Trocadéro et réplique tonton François à La Motte-Picquet, ça n'arrêtera donc jamais ! Ils vont donc se battre, on

## Une adolescence

dirait rien que pour m'embêter ; et se battre jusqu'à la mort, la mienne s'entend.

À Paris, le moral de la famille est remonté à bloc. Papa compose des slogans et des tracts, recommence à ménager des rendez-vous discrets où de puissants personnages réputés gaullistes rencontrent tonton François dans le petit salon qu'ils connaissent désormais par cœur, stocke des affiches plutôt tristounes qui disent que notre candidat est un président jeune pour une France moderne sur fond de lignes à haute tension. On en voit même sur les murs de l'avenue Victor-Hugo, narguant des belles en fourrure qui passent en frissonnant. Du côté de chez maman, c'est pareil, une vraie base rouge incrustée en plein XVI$^e$, feu sur le grand quartier général et moi dans les soutes en bon petit soldat doublé d'un martyr silencieux qui vibre à chaque salve. Et pour mes frères, avec les meetings, ça drague terrible ; des bêcheuses en Austin qui ne leur avaient jamais fait l'aumône d'un regard implorent des invitations comme pour les soirées du Pré Catelan. Seule Simone, la cuisinière, s'arc-boute à ses fourneaux dans un gaullisme de résistance, en nous balançant des gigots calcinés pour signifier que tout le peuple n'est pas avec nous et qu'il n'a pas dit son dernier mot. Simone sort directement d'une pièce de Molière, les bourgeois ne l'effraient pas et elle

## 1965 : Tonton François est candidat

réinvente la lutte des classes à l'envers dans sa cuisine. Elle a été marinière dans une autre vie, elle est restée farouchement fidèle au plat pays, au petit crachin du Nord et au général de Gaulle. Elle me harcèle de questions, entre deux ratas vengeurs : au fond qu'est-ce que je sais du peuple si ce n'est qu'il me fait plutôt peur dès que je ne le regarde plus à travers les images de mon téléviseur ? Rien, je n'en sais rien. Et c'est pas à Sciences Po, où je viens d'être admis, que j'en saurai beaucoup plus. Le XVI$^e$, c'est le soma du *Meilleur des mondes*, un remède miracle qui endort les angoisses et les doutes et rend vague tout ce qui l'entoure, tellement vague...

Le pire, c'est qu'il va peut-être y arriver, tonton François, à chasser le général de Gaulle et à devenir président de la République en lui prenant sa place. Il l'a mis en ballottage au premier tour. J'ai beau pas être encore très calé rayon Constitution, cela veut dire qu'il y aura un second tour et que ce sera comme un match, seulement lui et le général de Gaulle, l'un contre l'autre, je suis vraiment coincé. Inutile de préciser qu'à la maison, chez maman et chez papa, la fièvre est au maximum et que moi j'en mène pas large. Tonton François, il y est pas arrivé seul à réussir le coup du ballottage, il y avait plein d'autres candidats qui ont tous pris un morceau des votes au général de Gaulle. Il était

*Une adolescence*

tellement habitué à gagner qu'il s'est pas assez méfié. À Sciences Po, les rigolos, ils étaient pour Barbu, un type dont on n'avait jamais entendu parler, qui avait l'air d'un chien battu et qui se présentait comme le candidat des malheureux. Bon, il a obtenu un résultat rikiki, mais celui qui a fait un bon score, juste après tonton François, c'est Lecanuet, le maire de Rouen, celui qui sourit tout le temps avec trois mille dents et qui a l'air de faire de la réclame pour un dentifrice. Il y a plein de gens qui étaient pour lui, ils disaient que c'est un homme neuf, qu'il est professeur agrégé, qu'il est sympa et modéré ; moi, je veux bien, mais je pense que c'est seulement des ingrats, ceux qui pensent comme ça ; ils ont plus besoin du général de Gaulle, puisqu'il a mis fin au « drame algérien » qui les dérangeait et, maintenant, ils n'ont plus qu'une envie, c'est de recommencer à pouvoir roupiller tranquilles. Vu sous cet angle, je préfère évidemment que ce soit tonton François qui soit arrivé deuxième, comme Poulidor.

Le soir du premier tour, on est allés, en famille, à la permanence de tonton François pour le féliciter. Il y avait un monde fou, des gens qu'on connaissait pas, tous très enthousiastes. Ils embrassaient papa parce qu'il ressemble beaucoup à tonton François, en plus maigre, et puis maman aussi parce qu'elle fait un peu penser à tante Danielle

## 1965 : Tonton François est candidat

quand elle met pas son vison. Même tonton Jacques était là ; il avait l'air moins grognon que d'habitude, et comme l'a dit maman, c'était élégant qu'il soit venu, parce qu'il avait certainement voté de Gaulle. Mes frères avaient aussi amené leurs copines qui étaient super contentes, comme à un concert à l'Olympia. Quand il est sorti de sa conférence, tonton François est venu pour remercier ses supporters. Il a été très gentil avec tout le monde et il a même fait l'œil de velours aux copines de mes frères qui ont failli s'évanouir tellement elles étaient émues. C'est marrant, la politique, dès que ça marche un peu, on a beau être de la famille, tonton François s'intéresse à nous comme si on était des électeurs de la Nièvre. Il était vraiment aimable, il nous a dit des trucs rigolos, il nous a encouragés parce qu'il croyait qu'on avait collé des affiches. Après, il a continué avec d'autres gens qui l'appelaient François et qui le tutoyaient alors que nous, c'est comme si on lui parlait à la troisième personne quand il vient à la maison. Bon, d'un côté, c'était sympa, et il y avait plein de choses à raconter en vue du lendemain, rien que pour voir la tête de ceux qui avaient voté Lecanuet. Mais en même temps, moi, quand il y a trop d'inconnus qui se comportent comme si on était amis depuis toujours alors que c'est pas vrai, ça me met un peu mal à l'aise. Avec mon pantalon

*Une adolescence*

de flanelle, ma cravate et mon blazer à boutons dorés, j'avais l'impression de m'être trompé de réunion. Et puis ils étaient tous à se moquer du général de Gaulle, à crier «Au revoir Charlot!», à vouloir le renvoyer parce qu'il avait soixante-quinze ans. Ils n'avaient pas écouté Maurice Chevalier chanter «À soixante-quinze berges» avec Les Chaussettes noires pour savoir que c'est un âge où on peut être encore très en forme. Bref, je me sentais double traître encore plus que d'habitude.

En plus, il y avait un comique dans l'assistance, un chansonnier très connu pour ses bonnes blagues, et il amusait la galerie, en faisant des gargouillis et des bruits de chasse d'eau avec sa bouche, avec des plaisanteries sur le Général et Tante Yvonne sucrant les fraises à Colombey, que je trouvais pas drôles du tout, même si j'étais obligé de rire comme les autres. Je regardais maman, et elle, elle regardait ailleurs, elle souriait même pas. C'est lui aussi qui racontait dans son cabaret, après la guerre, en dévisageant le public, des trucs vraiment horribles sur les Juifs que j'ose pas redire ici. Ça, c'est papa qui nous l'a rapporté après, dans la voiture, en rentrant, il avait l'air navré, nous on était dégoûtés, et j'ai bien senti qu'il était aussi très ennuyé que le chansonnier ait profité de l'occasion de la petite fête du ballottage pour imposer son numéro. Tonton François, je ne sais pas ce

## 1965 : Tonton François est candidat

qu'il en a pensé, il était déjà parti quand l'autre régalait la compagnie.

Après, pendant les quinze jours qui ont suivi, je perds un peu le fil, je suis certainement planqué derrière mon transistor. De toute façon, personne me remarque ; papa organise un tas de réunions et aligne plein de calculs qui montrent que tonton François va gagner, maman se fâche avec des fournisseurs qui se lamentent en disant que ça va être le grand soir et que tous leurs clients vont partir. J'en profite pour regarder les émissions du général de Gaulle avec Michel Droit, le plus grand nain de France, comme disent mes frères, parce qu'il mesure au moins un mètre quatre-vingts et qu'il a une très grosse tête et de grandes mains. Enfin, il a l'air d'un petit garçon en face du général de Gaulle qui, bien calé dans son fauteuil, balaie tous les obstacles et tape dans le mille à chaque réponse. Il paraît qu'il avait pas envie de jouer l'interviewé parce qu'il avait l'impression que ce serait comme si les Français le voyaient en pyjama. En fait, il est en costume parfaitement normal, comme s'il recevait Michel Droit dans son bureau, mais ça m'aurait pas gêné de le voir en pyjama ; à Évian, papy passe bien ses matinées en pyjama et ça surprend personne. Il est vrai aussi que je l'ai jamais vu dans son uniforme de général. Papa, il est pas très content que je regarde le général de Gaulle à la

*Une adolescence*

télévision, mais il peut pas s'empêcher de jeter un œil et ça le rend songeur. Je suis pas sûr qu'il croit vraiment à ses calculs.

Ceux qui sont remontés, c'est les parents de ma copine Nelly ; ils ont la haine du général de Gaulle depuis les temps préhistoriques. Chez eux, il y a des revues qui traînent un peu partout sur l'Algérie française et un gros bouquin avec des photos du maréchal Pétain, bien en vue sur la petite table devant le canapé du salon. Le vainqueur de Verdun, le sauveur de la France, le martyr des communistes, voilà les titres des chapitres. Le papa de Nelly, un monsieur décoré et pas commode, a remarqué que je lorgnais sur le volume et il insiste, avec un grand sourire qui me rassure pas beaucoup, pour que je prenne tout mon temps à tourner les pages. Les parents de Nelly votent pour tonton François ; même mourants à l'hôpital, ils se relèveraient pour lâcher leur bulletin dans l'urne comme s'ils crachaient à la figure du général de Gaulle. Ce qui m'étonne, c'est qu'ils ont pas remarqué que tonton François est complètement réconcilié avec les communistes qui ont martyrisé le maréchal Pétain ; il y a la photo de tonton François sur toute la première page de *L'Humanité* avec marqué en gros qu'il faut voter pour lui. Ils ont des excuses sans doute, je l'ai lu dans le métro par-dessus l'épaule d'un voyageur, car dans le

## 1965 : Tonton François est candidat

quartier personne lit *L'Humanité* en dehors du mari de la concierge Adrienne qui a combattu pendant la guerre d'Espagne, un type avec un béret enfoncé jusqu'aux oreilles et qui avait l'air furieux quand mon frère Olivier est passé devant lui déguisé en toréador pour aller à une surboum costumée.

Finalement, le général de Gaulle est élu, tonton François a fini deuxième ; gueule de bois dans la famille, mais l'honneur est sauf. Bientôt, le déraillement n'est déjà plus qu'un souvenir, pourtant, le voyage continue, il y a maintenant beaucoup de monde massé dans les gares, à qui tonton François a fait croire que sa mère avait été garde-barrière et qui en est encore tout retourné d'émotion ; ah ! si le train pouvait s'arrêter ne serait-ce qu'une fois, en rase campagne et dans un air vivifiant de calme et de silence avec personne autour, pour que je me dégourdisse les jambes en pensant à autre chose !

*1966 : Mon Général autour du monde*

« Vous avez vu le vison d'Indira, incroyable, on dirait une star d'Hollywood ! » La copine de maman en est encore toute retournée, du vison d'Indira Gandhi ; trente ans de mariage en trois ou quatre époux différents, de bons divorces, une assiduité exemplaire au lèche-vitrines et une érudition remarquable dans le domaine des qualités, du blond, du brun et du sauvage, quelques regards intéressés même du côté du castor et de l'acrylique ne lui ont jamais permis de dépasser le stade de l'étole où elle croupit en bonne compagnie avec Tante Yvonne. Et voilà que la Première ministre de l'Inde se pavane sur le perron de l'Élysée en arborant une fourrure somptueuse sur son sari. On a beau être en hiver, c'en est trop pour la recalée de Revillon. D'autres penseraient qu'une femme Premier ministre en Inde, c'est déjà suffisamment intéressant pour qu'on néglige ce genre de détails, mais le cocktail Inde plus femme plus

*Une adolescence*

sari plus fille de Nehru plus de Gaulle s'est évaporé devant ce scandale invraisemblable : le vison d'Indira. À côté, Tante Yvonne a l'air d'une de ces dames au chapeau vert, quant à Mme Pompidou, il n'y a pas de doute, c'est encore une victime de Pierre Cardin. Le général de Gaulle, il a pas l'air choqué par tant d'impudente coquetterie ; il est tout sourires, tout de galanterie tandis que le vison impérial et sa majestueuse propriétaire s'engouffrent dans une limousine direction palace, grande vie, voyages au long cours. Faut-il qu'il ait envie de jouer au Roi-Soleil du monde entier pour admettre ce train somptueux d'une sorte de Marie-Antoinette de Calcutta. Car la vérité crève les yeux : le Général dilapide l'argent de la France auprès de parasites qui flattent son orgueil pendant que nos savants crèvent de faim, qu'il faut attendre des mois pour avoir le téléphone et qu'il y a même pas assez d'autoroutes. Ils nous ont flanqués à la porte, très bien, que chacun reste dans son coin désormais. Il suffit de les voir en visite, tous ces quémandeurs, pour être édifiés ; ils n'en reviennent pas eux-mêmes d'être traités comme la reine d'Angleterre ; Aref l'Irakien à qui on offre un divertissement au Petit Théâtre de Versailles, vous imaginez cet Arabe sanguinaire au milieu des marqueteries Louis XVI ? Le roi du Burundi prié à déjeuner par Mme de Gaulle qui demande des

## 1966 : Mon Général autour du monde

nouvelles de Sa Majesté la reine mère, mais enfin, c'est où, le Burundi ? Le général Barrientos, président de la Bolivie comme Zantafio dans *Spirou*, il doit vouloir s'en fourrer jusque-là avant qu'il y ait un autre coup d'État. Et le roi du Népal, et le président du Togo, et Léon Mba que le général de Gaulle est même allé voir à l'hôpital. On ferait mieux de compter les petites cuillères en argent quand ils sortent de l'Élysée au cas où ils en auraient plein les poches en guise de souvenirs.

La copine de maman est idiote, c'est un fait avéré que ma mère désolée ne relève même plus, mais il faut bien se rendre compte qu'elle n'est pas la seule à entonner les airs de l'envie et de la calomnie. Bien des gens pensent comme elle, et ça fleurit même sur les murs de Paris, avec de méchantes petites affiches où il y a écrit « La Corrèze plutôt que le Zambèze ». Moi, Indira, je la trouve superbe, et cette manière d'être femme quand elle rend visite à une sorte de surhomme, cela me semble à la fois très humain et très raisonnable. Il y a des moments où je me demande pourquoi tant de Français des beaux quartiers ont voté pour le général de Gaulle. Peut-être en viager, en attendant de trouver une autre solution pour récupérer les lieux avec quelqu'un qui leur filerait les clés du coffre. Mais qui ? Pompidou, c'est pas encore mûr,

*Une adolescence*

tonton François c'est l'aventure. Alors ils attendent, ils s'ennuient, ils râlent et parlent en clignant de l'œil de petits voyages en Suisse, ce pays où on connaît même pas le nom du président ni ceux des titulaires de comptes en banque. La morosité, d'ailleurs, est générale ; il y a sans arrêt des grèves ; pas de vastes mouvements qui rappelleraient Zola, le Front populaire, les grandes pages d'une histoire révolutionnaire non, plutôt des accès de fatigue et de mauvaise humeur de la part de gens qui vivent mal et qui trouvent qu'on les a oubliés. Tonton François a fait un contre-gouvernement pour leur donner le sentiment que le combat continue et qu'on s'occupe d'eux ; mais le contre-gouvernement, c'est bon pour les étudiants de Sciences Po qui admirent encore la politique à l'anglaise ; et à l'idée de retrouver Guy Mollet, même comme contre-ministre, comme on dirait contretemps ou contre-indiqué, il n'y a pas de quoi tirer des feux d'artifice. C'est un gouvernement de la IV$^e$, ce contre-gouvernement de la V$^e$ ; il durera pas longtemps. Avec ceux d'en face, c'est pas non plus la joie : ils ont rien trouvé de mieux que d'interdire *La Religieuse*, un film qui est tiré de Diderot ; c'est à croire qu'ils connaissent pas les classiques, les censeurs du général de Gaulle ; là, dans cette histoire, le censeur-chef, c'est le secrétaire d'État à l'information qui a plus

*1966 : Mon Général autour du monde*

une minute à lui, avec la deuxième chaîne de télévision qui vient de commencer. Elle fait plein d'émissions nouvelles, des émissions d'information justement, où il arrive que des journalistes avec mauvais esprit poussent le bouchon jusqu'à inviter des personnalités de l'opposition. Enfin, pas beaucoup et pas très bien ; tonton François, il s'en plaint tout le temps et, du reste, je suis sûr qu'il a raison. Dans la vie, il paraît pas du tout moche, tonton François. « Ton oncle, il a un profil de médaille », dit toujours maman qui l'aime comme si c'était encore son beau-frère. Eh bien, tonton François, quand il passe à la télévision, c'est à peine si je le reconnais ; il cligne sans cesse des yeux avec les projecteurs qui l'aveuglent, on dirait qu'il est pas rasé, et quand il sourit avec ses deux petites canines qui sortent, il a l'air d'un vampire. C'est pas normal, alors que le général de Gaulle il a bien sûr l'air d'avoir son âge, mais il paraît que les équipes de la télévision elles font très attention à le photographier sous un bon angle et à le mettre en valeur. Il y a un tas de trucs comme ça, dans la vie courante, qui sont plutôt mesquins et je mettrais ma main à couper que ça déteint sur l'humeur générale. Alors que, dans le reste du monde, il se passe toutes sortes de choses incroyables : la révolution culturelle en Chine à laquelle personne ne pige rien même s'il y a des étudiants à Sciences Po

## Une adolescence

qui passent leur temps à lire *Le Petit Livre rouge* comme pour prédire l'avenir dans une boule de cristal ; le Premier ministre sud-africain qui est raciste et se fait assassiner en direct à la télé avant qu'un autre raciste le remplace, les bonzes au Vietnam qui s'immolent par le feu et c'est atroce à voir, ils restent immobiles avant de s'incliner doucement comme poussés par le vent, et les dissidents russes qu'on enferme dans des asiles psychiatriques, ce qui se comprend, au fond, car il faut être fou pour croire qu'on peut se révolter contre un pareil régime. Du coup, la France elle paraît encore plus terne même si on a Stone et Charden, et puis Mireille Mathieu, la nouvelle Édith Piaf, mais pas droguée et pas malheureuse. Jacques Dutronc, il est malin ; quand il chante « Et moi et moi et moi », on comprend qu'il pense à nous qui sommes oubliés par les grands événements.

Le général de Gaulle, il continue à les vivre, les grands événements. Il va en URSS, il visite les bases qui sont interdites, il serre la main aux cosmonautes et il s'amuse à embêter les Russes en demandant à aller à la messe. Je pense que c'est ce qui était le plus difficile à organiser pour les Russes, cette messe à Leningrad, avec un vrai prêtre et une vraie communion. Il a fallu dénicher une église qui travaille encore, un curé qu'on a dû sortir de prison, des fidèles qui sans doute n'en

## 1966 : Mon Général autour du monde

menaient pas très large. Ça devrait être bouffon, les types du KGB chantant le *confiteor* pour fortifier la paix et l'amitié entre les peuples.

Mais il n'y a pas que les farces faites aux Russes, il y a aussi celles qu'il réserve aux Américains. Il fait un tour du monde, le général de Gaulle, et à Phnom-Penh, dans un grand stade devant cent mille personnes, il dénonce la guerre du Vietnam qui fait rage à deux cents kilomètres de là. Déjà qu'il a jeté l'OTAN à la poubelle, on comprend qu'à Washington ils soient plutôt remontés contre lui. Ça les empêche pas de bomber les Vietnamiens, mais bon, ça les embête quand même surtout avec leurs universités où les étudiants font l'amour en prenant des médicaments parfumés aux champignons mexicains, tout en organisant des manifestations contre la guerre. Nous, à Sciences Po, comme il y a plus l'Algérie, on organise juste des petites bagarres entre les gars d'Occident et les trotskistes; on a beau dire, c'est pas la même chose.

Évidemment, on peut toujours voyager pas trop loin pour se distraire un peu de nos petites vies. C'est pas comme les voyages du général de Gaulle qui se déplace dans la géographie et dans l'histoire, mais ça permet de voir qu'en Europe on est quand même pas aussi malheureux qu'on pourrait le penser. Moi, par exemple, je vais en Italie pour

*Une adolescence*

la première fois avec des amis. En plus que c'est superbe, l'Italie, comme dans *Plein Soleil* avec des Delon à chaque terrasse de café, ils ont aussi là-bas un général de Gaulle ; enfin, ils disent que c'est presque pareil encore que ce soit un général de Gaulle en miniature, un peu comme les Fiat 500 comparées à la DS. Il s'appelle Amintore Fanfani, il mesure un mètre soixante et il est presque toujours président, ce qui est difficile en Italie parce qu'ils ont gardé un genre de IV$^e$ République avec des gouvernements qui tournent comme aux chaises musicales. Pour le reste, Fanfani, il ressemble au général de Gaulle, il a du caractère, il est patriote, il raconte des trucs amusants à la télévision et il a une femme très bien, pas façon Sophia Loren qui est devenue française pour se marier avec Carlo Ponti et qui est belle comme un monument, mais très comme il faut, une sorte de cousine de Tante Yvonne. Sauf que c'est pas très marrant d'être le général de Gaulle italien ; on n'a pas de pouvoir, on est pareil qu'un chat à qui on aurait rogné les griffes. En fait, les Italiens, on a l'impression qu'ils se fichent de la politique et qu'ils sont très contents que le vrai général de Gaulle, on l'ait gardé pour nous. Des général de Gaulle pour rire, il y en a d'ailleurs dans à peu près tous les pays : dès qu'un homme d'État est ambitieux, il aime qu'on le compare à notre président. On pourrait fonder un club où il y aurait Tito le Yougoslave, Sihanouk le Cambodgien, Perón l'Argentin, Bourguiba le Tunisien. Enfin, ceux-là ne sont pas vraiment pour rire, ce sont même des poids lourds dans leur catégorie, mais en cherchant un peu on en découvrirait d'autres qui sont de vraies caricatures. Bokassa, par exemple ; il a fait un coup d'État pour devenir président-maréchal de Centrafrique et, maintenant, il saisit n'importe quelle occasion pour aller voir celui qu'il appelle son papa à l'Élysée. Je ne sais pas ce qu'il en pense, le général de Gaulle, de Bokassa, mais ça lui semble sans doute un peu bizarre, ce fils oublié dans un trou perdu d'Afrique. Il doit un peu se vanter, Bokassa, parce que, même s'il est passé par l'AOF pendant la guerre, le général de Gaulle avait beaucoup d'autres choses à penser que de flirter avec maman Bokassa. Il faudrait vérifier les dates, en Afrique, c'est pas commode, à l'époque il y avait pas vraiment d'état civil.

## 1967 : L'Olympe vu de Montceau-les-Mines

« Si, si, tu peux mettre une réunion à sept heures du matin, ils sont tous réveillés à cette heure-là, à Sennecey-le-Grand. » Le directeur de campagne a les yeux cernés de quelqu'un qui ne dort plus beaucoup depuis deux mois, mais il inscrit « Sennecey » sur la dernière case vide du grand planning autour duquel se tiennent les réunions stratégiques comme à la guerre au-dessus d'une carte d'état-major. C'est très joli, Sennecey, quelques centaines d'habitants autour d'une belle église romane, mais en février, à sept heures du matin, par moins cinq degrés, quand on bat la semelle devant un préau d'école où une demi-douzaine d'agriculteurs renfrognés éternuent au milieu de courants d'air glacé, ça n'a pas vraiment le même charme que sur les photos dans les guides de la Bourgogne. Il est vrai qu'on est pas là pour faire du tourisme : mon frère Olivier se présente aux élections en Saône-et-Loire comme candidat de la

*Une adolescence*

FGDS, le mouvement de tonton François, et toute la famille est mobilisée sur le pont pour le soutenir. Maman a chaussé ses après-ski Hermès et elle fait du porte-à-porte dans les fermes isolées, par des chemins creux où faut aller à pied, autrement les voitures s'embourbent ou valdinguent sur les plaques de verglas ; mamie balade la poussette de son arrière-petit-fils dans les rues des villages en distribuant des tracts, mon frère Jean-Gabriel, des cousins, des beaux-frères et des amis vaquent aux mille détails de la campagne. Et moi, telle Bécassine, je suis un peu las de tout ce tremblement : j'en suis à mon deuxième accident de voiture et j'ai déposé un lot d'affiches à la permanence du député gaulliste qu'Olivier essaie de battre. Enfin, comme un bon étudiant de Sciences Po qui a arraché la permission d'un stage de travaux pratiques avec promesse de note en trois parties pour dresser des conclusions, j'ai forcément ma place dans le tableau. D'ailleurs, la campagne est à l'image de mon frère : une merveille d'attention et d'efficacité. Le moindre hameau, la plus humble masure, le militant qui a commencé sous le Cartel des gauches et le gaulliste fanatique qui lâche ses bergers allemands quand on s'approche, la postière résistante, le pharmacien poujadiste, l'instituteur qui a la photo de Waldeck Rochet dans son bureau, la dame de la parfumerie dont on raconte

*1967 : L'Olympe...*

qu'elle a été rasée à la Libération, le curé PSU et son adversaire du village d'à côté qui se méfie de Vatican II et dit encore la messe en latin, les chasseurs qui veulent pas qu'on vienne les embêter pendant les battues avec la politique, les châtelains du style «J'ai très bien connu votre oncle quand il s'est présenté dans la Nièvre, à l'époque il était soutenu par la droite...» et ceux qui envoient leur gardien pour dire que M. le comte ne vote plus depuis 1848, les cultivateurs avec toutes leurs colles sur le Marché commun et le prix du veau qu'on arrive pas à stabiliser, les cheminots CGT, les femmes des uns et des autres qui se tiennent un peu à l'écart et viennent ensuite remonter les hommes parce qu'ils n'ont pas assez râlé auprès du petit gars de la ville, les mineurs aussi et, surtout, ceux de Montceau et des alentours, poumons foutus et emplois en plein naufrage : Olivier rencontre chaque électeur, visite chaque arpent de terrain et sillonne de l'aube jusque tard dans la nuit les chemins de la circonscription avec sa Fiat 850 qu'il pousse comme au rallye de Monaco. Nous, les autres, on essaie de suivre, l'air sérieux, super civiques, on ne peut plus à l'écoute des citoyens, en traînant nos rhumes et nos entorses, l'estomac barbouillé et un perpétuel coup de barre sur la nuque à cause du petit verre par-ci et de la fine par-là devant laquelle nous abandonne

*Une adolescence*

un candidat qui est déjà reparti en ménageant sa forme. Montceau-les-Mines, c'est une circonscription perdue. Tonton François a bien prévenu Olivier : « On te la laisse car personne n'en veut et tu n'as aucune chance. À vingt-trois ans, tu peux déjà t'estimer bien content. » Tout a été découpé soigneusement pour que les bastions de la gauche soient noyés dans ceux de la droite, et depuis 1958 le député-maire, un gaulliste pur et dur, est réélu au premier tour. En même temps, l'atmosphère a changé en France ; le général de Gaulle est là depuis près de dix ans, la lassitude grognonne se fait sentir un peu partout et tout autant dans ce coin isolé où on mettra même pas l'autoroute du Sud quand elle sera terminée. Bref, Olivier mène une si bonne campagne que la famille est passée de la solidarité à l'espérance, et de l'espérance à la quasi-certitude : il sera le plus jeune député de gauche à l'Assemblée nationale. Le seul à rester lucide sur l'état de ses chances, c'est Olivier, précisément ; loin, si loin de Paris et de nos vies trop bien réglées, il mesure à chaque instant ce que représente le général de Gaulle pour un tas de gens qui rouspètent peut-être un peu plus maintenant, mais dont on ne sait pas au juste pour qui ils voteront dans l'isoloir. On a beaucoup souffert ici, pendant la guerre, et à la Libération, ça a été

*1967 : L'Olympe...*

très moche aussi avec les maquis communistes qui ont fusillé à tour de bras pour régler des vieux comptes ; quant à l'Algérie, c'était une sorte d'ogre qui prenait des fils dont on a besoin pour la terre et pour l'avenir. Le général de Gaulle, c'est la fin de ces vieux cauchemars, et puis c'est aussi du spectacle à la télévision qu'on vient d'acheter car ça va malgré tout un peu mieux et on peut se mettre en frais. Il n'y a pas à dire, ce sont des arguments qui portent et Olivier est trop fin pour penser que c'est voir les problèmes par le petit bout de la lorgnette. En même temps, c'est vrai qu'il a des chances si jeune, si dévoué, si actif. Moi, j'ai suivi les cours de Raymond Barre dans le grand hémicycle ; pas seulement ceux où les trotskistes ont lâché des souris et où toutes les filles sont montées sur les tables tandis que M. Barre continuait à faire sa leçon, imperturbable, avec juste la voix un peu plus sourde ; non, j'ai aussi suivi les autres, avec plein d'étudiants qui dormaient tranquillement, et je fais bien la différence désormais entre la micro- et la macro-économie. La microéconomie, c'est vivement qu'Olivier soit élu. La macroéconomie, c'est pourvu que le général de Gaulle reste à l'Élysée. Pour tonton François, je ne trouve pas encore le classement ; il faudrait le mettre entre les deux. À « plan de stabilisation », par exemple. C'est ça, ni au pouvoir ni hors du

*Une adolescence*

pouvoir, chef de l'opposition qui peut dire tout ce qu'il pense mais qui ne bouge pas en attendant; alternatif tel le courant, et fixé telle une photographie; oui, stabilisé, en somme.

En ce qui concerne le programme, évidemment, on pourrait se dire qu'il y a un petit problème; les Mitterrand du XVI$^e$, on a beau faire, ils sont pas autant à gauche que les autres de la famille; le quartier a dû finir par déteindre. Certes, pas de droite non plus, antigaullistes pour des tas de raisons qu'on peut comprendre et fidèles à tonton François, mais pas très tape sur le ventre des communistes, ni lecture du *Capital* et solidarité avec nos camarades emprisonnés. Plutôt mohair et golf que casquette et pétanque. Olivier, c'est encore différent, il est vraiment capable de comprendre la vie des gens qui n'arrivent pas à s'en sortir. Or, il n'y a pas à finasser, la FGDS, c'est déjà l'Union de la gauche, on s'envoie plein de clins d'œil pour le second tour, avec les communistes on fait ses meetings avec des gens qui lèvent le poing dès qu'on parle de l'injustice ou qu'on dénonce la vie des riches qui ressemble comme deux gouttes d'eau à celle qu'on mène. Il y a beaucoup plus riche, d'ailleurs, si les gens savaient rien qu'un petit peu, ils referaient la révolution immédiatement; nous, on sait et, prudemment on préfère pas le dire. Il faut ajouter qu'à la FGDS, avec les

## 1967 : L'Olympe...

promesses du socialisme, on est obligés d'y aller un peu fort, car au fond le général de Gaulle, il n'est pas non plus vraiment de droite. Pour les référendums qui sont comme des plébiscites (à Sciences Po, j'ai appris la différence, le référendum, c'est un plébiscite où on a le droit de dire non même si c'est presque toujours les oui qui gagnent), la télévision, la manière d'écouter les gens, les méthodes, en somme, il faut reconnaître que le général de Gaulle, il y va carrément, et que c'est pour ça, précisément, que papa est contre lui en plus d'être avec tonton François. Mais pour l'économie, les lois sociales, alors, ça devient moins clair, il faut beaucoup réfléchir aux critiques qu'on annonce et proposer des réformes très en profondeur pour être en avance sur lui ; au fond, c'est peut-être aussi trop en avance sur nous, les Mitterrand du XVI$^e$.

Heureusement, il y a Montceau-les-Mines. Avant d'y être allé, je me disais que ça serait très dur pour Olivier, ce grand écart entre nos vies et les promesses du socialisme, et qu'il aurait beaucoup de mal à enjamber d'un bord à l'autre. Et puis je vois Montceau-les-Mines. C'est affreux, Montceau-les-Mines, les rues sont tristes, il n'y a pas de centre, juste une sorte d'esplanade où s'arrêtent les cars pour les usines, une ribambelle de maisons ouvrières et de HLM qu'on a plantées là sans faire

*Une adolescence*

de jardin ou de piscine comme si on avait voulu parquer les pauvres pour qu'ils restent tous ensemble et qu'ils ne voient pas ce qui se passe ailleurs. Les vieux sont malades à cause du travail et des mines, les jeunes traînent le dimanche en ayant nulle part où s'amuser, les cafés sont noirs et puent la bière, et si on veut s'en aller, c'est presque pas possible ; les routes sont mauvaises et dans les gares il n'y a que des trains de marchandises. Au bout de quelques jours, il n'y a plus besoin de se forcer pour les promesses du socialisme. Ça part tout seul et le général de Gaulle paraît soudain si loin, là-bas, dans l'Olympe des grands de ce monde. Des Montceau-les-Mines, je sais qu'il y en a beaucoup dans la France de 1967, et aussi des campagnes où les gens font encore la cuisine sur les fourneaux à même le sol en terre battue. Je sais aussi que ce n'est pas forcément fatal et qu'en se donnant de la peine on peut arranger nettement les choses ; il n'y a aucune raison pour qu'une ville affreuse le reste indéfiniment et toutes les raisons pour que ça change si on s'en occupe vraiment. Olivier voudrait s'en occuper vraiment. Il perdra l'élection au deuxième tour et à quelques centaines de voix ; le meilleur résultat de la gauche là-bas depuis des décennies.

D'ailleurs, *Le Nouvel Observateur* l'avait donné gagnant, et comme je lui avais montré l'article, en

*1967 : L'Olympe...*

Jiminy Cricket qui tente de se rendre utile au comité information et propagande, il avait seulement haussé les épaules en me disant : « Tu crois vraiment ? Moi, je trouve que c'est mauvais signe, ces journalistes se trompent toujours. »

N'empêche que, ce coup-ci, les UNR et les partisans du général de Gaulle, ils ont bien failli perdre les élections ; il s'en est fallu de quelques sièges. C'est un signal que personne n'a l'air d'entendre ; tout continue comme l'an passé ; Pompidou forme un nouveau gouvernement qui est presque celui d'avant, même s'il y a un jeune secrétaire d'État qui vient d'arriver et dont papa m'affirme qu'il est brillant et qu'il faut l'avoir à l'œil : un nommé Jacques Chirac avec des costumes croisés de bon élève de l'ENA ; quant au général de Gaulle, il plane encore au-dessus du quotidien dans les hautes sphères de la politique internationale : il faut dire qu'il vient de gagner encore un autre référendum ; pas un référendum national, juste un tout petit, mais où il y avait quand même des risques. Ça s'est passé à Djibouti où des manifestants l'ont empêché de prononcer un discours l'année dernière et où on a bien expliqué depuis tout ce qu'il fallait comprendre, avant de poser une de ces fameuses questions où il faut répondre oui si on est sérieux et pour que ça s'arrange, et non si on est communiste et pour que les ennuis

*Une adolescence*

commencent. À Djibouti, 60 % des gens ont répondu oui et grâce à ça, maintenant, ils peuvent changer de nom et s'appeler « Territoire français des Afars et des Issas », ce qui ne devrait pas tenir longtemps sur une carte de géographie, vu que Djibouti, c'est minuscule, et qu'il n'y a pas assez de place pour mettre le nouveau nom. Et puis c'est loin, Djibouti, j'irai un jour ; un trou perdu au terminus de la mer Rouge, avec de pauvres gens dans des tas de bicoques misérables, des casernes, des filles à soldats, une gare et une chape d'ennui pour assommer le tout. Un peu comme Montceau-les-Mines, triste au quotidien et avec le général de Gaulle pour rêver d'autre chose, sauf que les habitants sont noirs et qu'il y règne une chaleur de fournaise.

Les grandes affaires internationales vues par le général de Gaulle, ça reste quand même très intéressant. Pour les colonels qui ont fait un coup d'état à Athènes et ont enfermé chez lui Georges Papandréou, le général de Gaulle de là-bas, en robe de chambre et sans qu'il ait plus le droit de parler à personne, ça doit lui rappeler de mauvais souvenirs à propos du « quarteron de généraux en retraite » et de leur « pronunciamiento » à Alger. Avec, en plus, maman Frederika qui leur tient tête en déclarant que « les rois de Grèce reviennent toujours ». Mon avis, c'est qu'elle s'avance un peu

*1967 : L'Olympe...*

et qu'il doit penser que c'est de sa faute à elle, à toujours vouloir décider de tout à la place de son gamin de fils. Les femmes de tête et les gosses de riches qui collectionnent les voitures de sport, c'est pas vraiment son genre. Mais la guerre des Six Jours, le putsch des colonels en Grèce, la guerre du Vietnam, le Biafra, l'affaire Ben Barka, chaque fois, on a l'impression qu'il a compris ce qui se passe avant les autres et qu'il sait comment répondre. Sur tous les sujets, à chaque conférence à l'Élysée, ça fait des étincelles. Évidemment, j'exagère un peu ; pour Ben Barka, par exemple, qui a été enlevé par le roi du Maroc devant le drugstore Saint-Germain, il n'avait rien vu venir, mais il s'est fâché tellement fort qu'on a bien compris que pour une fois les gaullistes n'étaient pas dans le coup. Le pompon, c'est l'histoire du Québec ; on s'apprête à partir en vacances en oubliant le reste, et lui, au cas où on s'ennuierait, toc ! Sans prévenir, il annexe le Québec. Pour les Français qui en sont restés à *Maria Chapdelaine*, il va falloir sacrément réviser l'histoire de la Belle Province. Bien sûr, il annexe pas complètement, autrement les Canadiens et les Américains de Washington, ils seraient trop furieux, mais enfin, c'est tout comme. En plus on risquerait de perdre Saint-Pierre-et-Miquelon dans la bagarre. Une fois qu'on aura dit « Vive le Québec libre ! » à tous ces Canadiens

## Une adolescence

français qui ont au moins dix enfants par famille et qui parlent comme les Normands du XVII$^e$ siècle, on peut parier qu'ils vont plus s'arrêter de remuer. À Paris, les ministres qui n'avaient pas été conviés pour le voyage de l'annexion, il paraît qu'ils étaient quand même un peu soufflés, presque de mauvaise humeur. Mais on ne voit rien de ça à la télévision ; au contraire, ils félicitent le général de Gaulle à son retour comme des collégiens farceurs qui applaudissent le roi des chahuteurs. En tout cas, à propos du Québec, moi, j'ai ma petite idée : puisqu'il embête tellement les Américains en leur décochant *Cyrano de Bergerac* à sa manière, à tel point qu'ils en dorment plus et se demandent chaque matin ce qu'il va encore pouvoir inventer pour leur gâcher leur journée, ça doit sacrément faire plaisir à beaucoup de monde, et notamment aux chefs d'État qui ne supportent plus d'être traités de valets de l'Amérique. Le général Barrientos, encore lui, le président-dictateur de la Bolivie, qui est venu à l'Élysée l'année dernière, il a beau s'en défendre, c'est un valet de l'Amérique, comme ils disent, Hô Chi Minh et Mao Tsé-toung. La preuve, c'est qu'il vient de faire tuer Che Guevara par ses soldats et qu'il y a maintenant une photo pour l'accuser jusqu'à la fin de sa vie ; Che Guevara, il est mort sur la photo, mais il a les yeux ouverts et il regarde encore ; nous, Fidel Castro, les révoltés, les

*1967 : L'Olympe...*

Américains, et tous les Barrientos de la terre, comme l'œil qui était dans la tombe et qui regardait Caïn... Le général Barrientos, ça doit lui faire froid dans le dos, cette photo d'un mort qui le regarde et qu'il aurait préféré voir disparaître sans qu'on le sache, il a beau tourner le problème dans tous les sens, ce regard qui l'accusera jusqu'à la mort, c'est ce qu'il y a de pire pour sa réputation de type expéditif habitué à assassiner les gens en douce et qu'on vient déranger dans sa besogne. Il a justement sous la patte un jeune Français beau gosse et super intelligent qui est venu faire la guérilla chez lui : Régis Debray; il aimerait bien le tuer, celui-là aussi, et maintenant, c'est difficile avec toute la publicité qui n'arrête plus. La solution, ce serait que le général de Gaulle lui demande de le renvoyer en France ; ce serait tout bénéfice alors pour Barrientos s'il accédait à cette demande : on le trouverait généreux, on le prendrait plus pour un valet des Américains, puisqu'il rendrait service à quelqu'un qui passe son temps à leur causer des soucis, et pour plus tard, en cas de coup d'État, d'exil et de retraite tranquille à l'étranger, il serait dans les petits papiers du Général. C'est une manœuvre très délicate, mais ça vaudrait la peine d'essayer pour sauver la vie d'un homme qu'on a pas envie de voir mourir, si ce n'est le général Barrientos qui

*Une adolescence*

n'est même plus très sûr de lui. J'ai beau chercher, je ne vois personne pour réussir un coup pareil ; personne à part le général de Gaulle.

## 1968 : Il n'y a pas d'amour heureux

« Quand la France s'ennuie... » Je lis l'article de Pierre Viansson-Ponté dans *Le Monde*. Je ne suis pas le seul. Tout le monde le lit et le relit autour de moi sans trop savoir ce qu'il faut en penser ; c'est bien écrit, intéressant, original. Un bon point de départ pour faire des notes en groupe de travail. De toutes les habitudes que l'on peut prendre à Sciences Po, c'est sans doute celle-là la plus agréable : la lecture quotidienne et attentive du *Monde*. Une drogue douce dont on ne peut plus se passer une fois qu'on y a goûté. J'aime tout du *Monde*, même ce refus de publier des photos telle une vieille demoiselle un peu bas-bleu qui aurait la petite coquetterie de ne pas vouloir qu'on sache son âge. Comme à chacun, l'article de Viansson-Ponté me laisse une impression bizarre, il constate une atmosphère indéfinissable, avance un ensemble de conjectures, c'est une plongée inattendue dans un irrationnel qui ne ressemble pas à l'esprit

*Une adolescence*

habituel du *Monde* ; on sent comme une menace diffuse que Viansson-Ponté lui-même n'arrive pas à localiser. En tout cas, cette idée de l'ennui est ennuyeuse, précisément. Dans ce pays, on a fait des révolutions par le passé pour tromper l'ennui. L'article est daté du 15 mars, je le lis dans la bibliothèque de Sciences Po où le reste du temps je travaille bien sagement à préparer mon diplôme, comme le bon petit bureaucrate zélé que je m'apprête à devenir à la satisfaction générale de ma famille ; tout est calme, et du reste, si ça n'était pas le cas, je ne m'en rendrais certainement pas compte ; je suis totalement coupé des étudiants qui font de la politique. Certes, Jérôme Kanapa me raconte le printemps de Prague, où il se rend fréquemment et curieusement Gérard Longuet paraît me protéger quand ses copains en manteau de cuir déclenchent des bagarres dans la rue où je m'agrège vaguement au camp adverse. Mais ce n'est pas grand-chose ; j'ai trop peur de rater mon examen si je suivais tous ces garçons qui mènent déjà des existences d'adulte, couchent avec plein de filles et parlent sans arrêt de politique ; je m'accroche à ce qu'il me reste d'enfance, à des habitudes de travail bien réglées ; la connaissance du monde et de la vie passe par les cours, les journaux et les livres. Je n'imagine pas un seul instant qu'il puisse y avoir autre chose à faire.

*1968 : Il n'y a pas d'amour heureux*

Moi aussi, je m'ennuie un peu et je considère que c'est normal. S'il m'arrivait de prendre un chemin de traverse, il me suffirait de songer à mes parents et à mes frères, à la manière dont ils respectent l'instruction et le travail pour reprendre sans regrets un fardeau qui ne me semble pas trop lourd, puisqu'au fond il m'intéresse. Le problème des étudiants dont me parlent certaines grandes personnes avec une mine intéressée et un sourire encourageant, j'ai du mal à l'expliquer ; je ne sais même pas ce que c'est. Les comités Vietnam, je suis évidemment pour, mais ça ne m'engage pas beaucoup ; il suffit de signer des pétitions et de verser un peu de l'argent de poche que mon père me donne. Je sens bien qu'il y a comme un air de violence qui flotte de temps en temps ; ça passe par *Bonnie and Clyde* que j'ai vu à Noël à Londres, et des reportages à la télévision sur des échauffourées à la fac de Caen ou des manifestations paysannes qui mettent à sac des préfectures, mais j'ai tendance à penser que si je le remarque, c'est parce que j'ai pris de l'âge et que je m'informe mieux que par le passé. Parfois, je monte un peu au créneau pour défendre les jeunes en général quand j'entends dire des bêtises autour de moi. Il y a des gens pour être encore choqués par la fameuse nuit de la Nation, qui s'est déroulée il y a pourtant quelques années plus tôt. Ça ne va pas

*Une adolescence*

plus loin qu'une solidarité sans grand relief et j'ai tout dit quand j'ai fait l'éloge des Rolling Stones et des Beatles auprès d'adultes qui de toute façon ne les écouteront jamais. Sage, sage, le pur produit de son milieu et de son éducation.

La France ne me paraît pas «comme une princesse de légende». En fait, je ne pense pas à elle. Elle est là, je vis mes petites affaires sans me poser de questions à son sujet; elle existe comme un état de fait immuable. La télévision nous explique suffisamment que c'est le meilleur pays du monde, en paix avec tous les autres et surtout avec lui-même pour que je n'aie pas à me demander ce qu'il faudrait que je fasse pour lui en cas de drame; des drames, il n'y en a pas, précisément.

Le message de la télévision, d'ailleurs, ce n'est pas transmis comme ça, brutalement, asséné comme de la propagande. Non, il découle doucement du petit écran avec les chansons de Joe Dassin, *Les Cinq Dernières Minutes*, le film du dimanche soir. Évidemment, en haut de toute cette pyramide de certitudes tranquilles et qui ne sont pas forcément basses ni uniquement paresseuses, il y a toujours le général de Gaulle. On ne le voit pas vieillir, le général de Gaulle, alors que cela fait tout de même dix années qui se sont écoulées depuis son retour au pouvoir; toujours aussi vif, drôle, maître de l'histoire présente et de la

*1968 : Il n'y a pas d'amour heureux*

manière dont il la met en scène. Peut-être encore un peu plus majestueux que dans le passé ; c'est la paix qui veut ça, elle rend les choses plus lentes, et puis il n'y a pas de grandeur sans nuance de mélancolie lointaine. En le regardant inaugurer les Jeux olympiques de Grenoble, je l'ai trouvé vraiment magnifique. Les sports d'hiver, la neige, le ski, le patinage, ce n'est ni de son temps ni de son univers. Et Grenoble, c'est une ville où on ne l'aime pas. Eh bien ! Cette manifestation qui n'est pas la sienne et cet environnement qui le refuse, il les a dominés comme s'ils procédaient en fait de lui ; immense, paisible et aimable, tels ces rois d'anciens temps qui à force de se sentir partout chez eux finissaient par séduire de leurs bonnes manières des hôtes auparavant bien rechignés. « La classe, quoi ! » comme on entend dire dans la rue quand passe un bel équipage. J'ai même pu faire ma paix avec la sempiternelle contradiction intime Charles de Gaulle-François Mitterrand. Puisque les gaullistes sont au pouvoir pour au moins cinq ans encore, depuis qu'ils ont gagné de justesse les élections, j'ai tout le temps d'aimer leur bête noire, de m'attacher encore à elle un peu plus en écoutant ce que papa me raconte de leur jeunesse à tous les deux, dans la voiture où il m'emmène avec lui au golf ; sans être obligé de choisir et de m'engager.

*Une adolescence*

Le cataclysme surgit d'un seul coup. Vers avril, qui est mon mois préféré, sans doute parce qu'il fut aussi celui où je me suis senti pour la dernière fois très proche de mon ami Thierry, avant qu'il tombe malade et meure, je découvre que je suis amoureux et que, si ce n'est pas tout à fait la première fois, c'est désormais bien plus fort. C'est un amour qui m'a guetté durant l'hiver comme un chat à qui je souriais sans prendre garde aux dangers, et maintenant il emporte tout sur son passage, les horaires, les habitudes, le travail, la franchise à la maison. Inutile de raconter ce genre de choses, on sait ce qu'est un grand amour d'adolescence, l'espoir, la folie, les ravages et, dans certains cas, la lutte contre le chagrin qui finit par gagner. Manque de chance, très vite, ce sera aussi mon cas. C'est dire que je prête encore moins attention aux craquements que mes camarades entendent autour de nous. Mes frères me parlent de la Cinémathèque où Malraux a commis la grosse bourde de vouloir virer Henri Langlois et où les cinéastes l'ont obligé à reculer ; des étudiants racontent que la fac de Nanterre est en pleine anarchie et qu'il y a chaque jour des heurts avec les CRS, des flaques de sang qu'on éponge au matin sur les sols carrelés de l'interminable et lugubre hall ; mon père s'amuse à imiter les Shadoks et s'irrite que des imbéciles bien-pensants

*1968 : Il n'y a pas d'amour heureux*

submergent la télévision de lettres comminatoires pour qu'on supprime un programme qu'ils jugent stupide. Rien n'y fait, je ne vois aucun lien entre ces incidents épars. Je n'ai jamais entendu parler de Cohn-Bendit ; Geismar et Sauvageot sont pour moi de parfaits inconnus. Non, je préfère m'échapper dans la famille de mon bel amour où l'on me traite comme si j'étais le fils de la maison. Ce sont des Espagnols ; ils n'ont aucune sympathie pour Franco et se méfient du général de Gaulle, mais préfèrent qu'on parle de la mort tragique de Martin Luther King, ou de Johnson qui laisse tomber la perspective de se représenter, vaincu par le Vietnam, la fatigue, les remords peut-être. Chez eux, je suis ailleurs qu'à Paris, ou plutôt dans un Paris intemporel qui ressemble à celui des films américains de Minnelli ou de Cukor, avec des marronniers qui se déploient au printemps comme des éventails et des avenues délicieuses de calme et de douceur quand je rentre chez moi à l'aube en croisant des voitures d'arrosage et des filles qui marchent encore tout endormies.

La veille du diplôme, quand même, une sacrée surprise ; j'écoute la radio en révisant encore un peu ; on entend des bruits d'émeute, la foule, des charges policières, des claquements de grenades ; les reporters commentent d'une voix surexcitée. Je me demande : « Est-ce bien ici que ça se passe ? »

*Une adolescence*

Avant de m'endormir, le trac au cœur pour l'épreuve du lendemain.
Il n'y a pas d'épreuves du lendemain. Sciences Po est fermée et l'examen est reporté *sine die*. Cette nouvelle ahurissante me laisse totalement interdit. Sur le boulevard passent des bandes avec des drapeaux rouges, le directeur de l'école contemple le spectacle sans rien dire. C'est un homme très respecté, il a l'air soulagé d'avoir supprimé l'épreuve; tout l'univers dans lequel je vivais s'effondre brusquement. Je ne me cramponne même pas; mon bel amour est gai, il est sûr qu'on verra bientôt se dérouler des événements aussi inouïs en Espagne. Nous glissons vers le boulevard, nous y resterons tout un mois; sur celui-ci ou sur un autre qui ne ressemble plus à ceux du Scope couleurs américain, mais au noir et blanc romanesque et tragique des films russes. Enfin, c'est comme ça que je perçois l'aventure nouvelle, avec les références dont on dispose à mon âge. Chez mon père, chez ma mère, ça tangue un peu dans tous les sens; papa passe beaucoup de temps avec tonton François, maman dit que le général de Gaulle doit s'en aller, ils aimeraient m'empêcher de sortir, m'éloigner de peur que je ne prenne un mauvais coup, mais je suis prudent, j'ai l'air tranquille, je ne raconte rien. S'ils savaient à quel point je suis en train de les prendre, les mauvais coups, autre-

*1968 : Il n'y a pas d'amour heureux*

ment et sans même m'en rendre compte sur le moment. La faute à moi-même, la faute au bel amour, la faute à personne, trop de révolutions en même temps pour des cœurs trop jeunes et trop ardents. La grande manifestation du 13 mai où la foule s'approche si dangereusement de l'Élysée, je la suis comme tous ceux qui sont là, en pensant à l'autre 13 mai ; j'ai l'impression de rattraper dix ans de retard, dix ans où je n'aurai réfléchi à rien de ce qui s'est passé vraiment dans mon pays, d'un 13 mai à l'autre. Et pourtant je ne sais pas ce qu'on peut vraiment vouloir, ma révolte d'étudiant n'est pas contre le général de Gaulle ; elle est contre ce qu'il couvre de son image, mais elle n'est pas contre lui. Je repousse ce qu'on m'a appris, mais pas qu'on ait voulu me l'apprendre.

Je me sens porté par un air de liberté que l'on partage partout où la révolte se propage et qui se nourrit d'un enthousiasme joyeux qu'on verra ensuite se diluer lentement, mais je le suis tout autant par ce bel amour qui me donne littéralement l'impression de décoller, comme on l'entend dans les chansons des pop stars américaines ; et encore, je suis pas fou des pop stars ; l'envol vient de plus loin et il m'entraîne bien plus haut. Et je me sens faible aussi au milieu de ces foules dont les slogans m'effraient souvent, dont les excès me laissent une impression pénible et qui dessinent une autre manière de vivre sur laquelle je n'ai pas de prise. Quand tonton François déclare qu'il est prêt à assumer le pouvoir, je trouve cela juste et bien. Quand le général de Gaulle effectue son retour, je ne l'avoue pas, pourtant, je trouve cela aussi juste et bien. Il y a trop de bourgeois sûrs d'eux-mêmes et de la puissance de leur argent sur les Champs-Élysées pour la manifestation du 30 mai, mais il y avait beaucoup de haine aussi sur les boulevards que j'ai parcourus tout au long du mois qui s'achève. J'écris à tonton François une lettre vraiment très affectueuse pour lui dire que j'approuve son attitude, il me répond sur le même ton et je pars en Grèce avec mon bel amour, pour les vacances et sans même que ça me gêne qu'il y ait les colonels et que leur régime soit infect. Une sorte de bouchon ballotté entre des flots qui tourbillonnent; c'est sur la grève où il se trouvera bientôt tout seul qu'il commencera à réfléchir et à changer.

Au retour à Paris où, l'humeur sombre, je prépare de nouveau ce satané diplôme, je croise, le matin de mon anniversaire, une femme d'un certain âge, en culotte de cheval, ce qui est quand même un peu bizarre sur le boulevard Saint-Germain. Il n'y a pas d'autres jeunes aux alentours et elle fond sur moi : «Au lieu de tout foutre en l'air, vous auriez mieux fait d'aller vous battre à

## 1968 : *Il n'y a pas d'amour heureux*

Prague ! » Les chars russes viennent d'envahir la Tchécoslovaquie, je ne sais pas quoi lui répondre. Elle a des larmes plein les yeux, elle considère certainement que les jeunes sont des imbéciles, elle se souvient des autres guerres. C'est peut-être une facho du faubourg, une femme avec qui on ne voudrait même pas prendre un verre, c'est peut-être aussi le contraire, une intelligence originale qui aime la justice, l'aventure et le grand air ; je ne le saurai jamais. Mais ces mots résonnent comme le remords que j'éprouve d'avoir un temps abandonné le général de Gaulle et tonton François, et d'avoir voulu me fondre parmi d'autres jeunes gens de mon âge, pour oublier que je ne saurai jamais choisir et qu'il n'y a pas d'amour heureux ; des jeunes gens de mon âge en qui, au fond, je n'ai pas confiance.

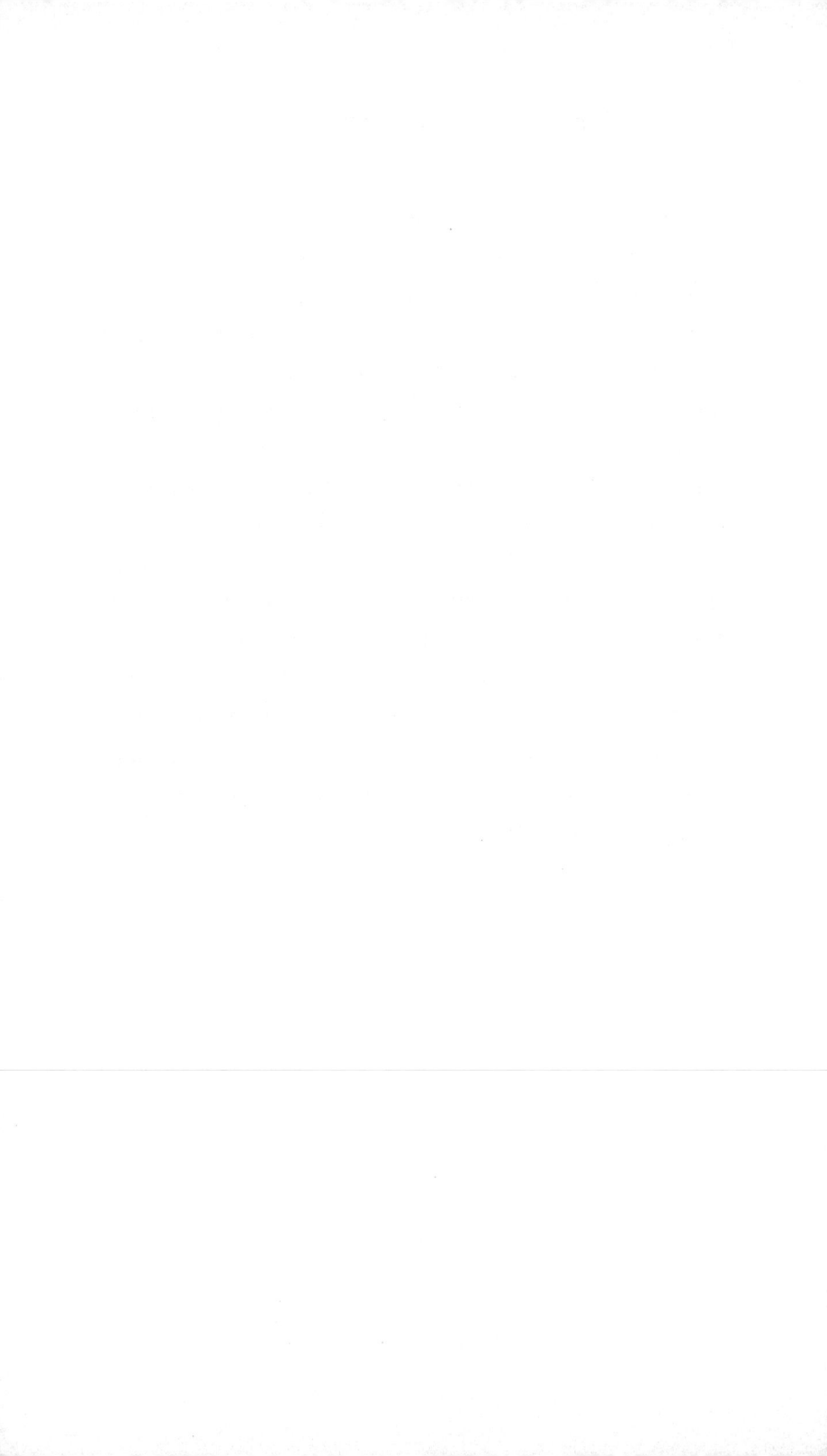

*1969 : Ce qu'il me dit, une dernière fois...*

C'est quand l'adolescence s'achève que l'on comprend ce qu'elle aurait pu être. En général, il n'y a pas de date précise, ça vient peu à peu, le sens du passé perdu et de tout ce qu'il reste à entreprendre. Pour moi, c'est plus net : elle s'est arrêtée le 28 avril avec le départ du général de Gaulle ou plutôt un ou deux jours avant, alors que j'écoutais son dernier discours télévisé. Je ne fais plus rien depuis six mois. Je suis censé commencer un nouveau cycle d'études depuis que j'ai obtenu mon diplôme comme dans un rêve sans consistance, mais je ne vais presque pas en cours et je passe mon temps au cinéma. Je suis seul, je ne parle pas de politique, mes parents pensent que je devrais aller un an en Amérique. Un type brillant, le genre héros de 68 qui a fait de la prison et milite à la Ligue, m'a pris sous sa coupe et je le suis partout. Je lui sers de nègre pour ses articles, de rabatteur pour les filles qu'il tombe, de bouffon

*Une adolescence*

quand il s'ennuie. Un soir qu'il s'est enfermé avec une de mes copines, dans la maison où elle vit et d'où ses parents sont partis pour le week-end, je me retrouve dans un salon inconnu, devant le téléviseur éteint. Il n'y a rien d'autre à faire qu'attendre qu'ils aient fini ; ce ne sera pas long, je sais qu'ils se méprisent. J'allume le téléviseur ; fidèle à son habitude, le général de Gaulle tente un baroud d'honneur, juste avant le vote du référendum, après la clôture officielle de la campagne. Je l'ai à peine regardé ces derniers mois, indifférent au coup de théâtre de la dévaluation qu'il a repoussée, à la visite de Nixon qui l'a accablé de prévenances. Le vieux charme agit tout de suite ; le verbe, la formulation des phrases, le timbre de sa voix, les mouvements des épaules, le beau regard éteint qui cherche à surmonter l'éclat des projecteurs ; je sens que plus jamais je ne l'entendrai ainsi. C'est un beau discours, empreint de noblesse et de gravité. Je ne me fais pas d'illusions, je suis certain qu'on dira demain partout qu'il ne parle que de choses dépassées qu'on ne veut plus entendre, que cette fois, c'est vraiment fini, et qu'il est temps de saisir l'occasion pour tirer un trait sur toute cette histoire qui n'a que trop duré. Mais moi, je m'en fiche de ce que les gens pourront penser, j'écoute ce que le général de Gaulle me dit une dernière fois, je ne rate pas un mot,

*1969 : Ce qu'il me dit, une dernière fois...*

pas un geste et je persiste à trouver que c'est un beau discours. Un peu après qu'ils ont terminé, le garçon et la fille reviennent dans le salon inconnu. Il ricane, elle a l'air triste, tout est redevenu sinistre. Je leur parle du discours, mais ils s'en fichent, ils veulent sortir pour aller dîner. Je leur dis que je préfère rentrer chez moi. Maman a son petit-fils avec elle, j'imagine qu'elle sera contente de me voir dans ce nouveau cercle de famille. Dans le métro, je me dis que je ne reverrai jamais ces gens et que le moment est venu pour moi de mettre fin à trop d'erreurs. Lundi, le général de Gaulle aura regagné Colombey, je pourrai commencer à voter pour tonton François, oui, lundi, j'aurai peut-être cessé d'être un enfant.

*Hivers*

Tant d'années sont passées depuis ma première visite à La Boisserie, la maison du général de Gaulle. Tante Yvonne y a vécu longtemps après sa mort, puis elle s'est retirée à Paris avant de mourir à son tour. Ils reposent l'un et l'autre dans le cimetière de Colombey auprès de leur fille Anne, la petite infirme qu'ils ont aimée et protégée. Peu à peu, le reste de la famille les y rejoindra. Mes grands-parents sont morts eux aussi et enterrés à Évian. La villa « l'Henriette » est de plus en plus cernée par des immeubles sans grâce et le Grand Hôtel du Parc a été transformé en appartements. On n'y voit jamais personne et il y règne un silence d'épave. Dans le jardin, plusieurs arbres sont tombés, mais l'intérieur de la maison a très peu changé. Maman vient de mourir. Elle avait stipulé dans son testament qu'elle voulait être inhumée à Passy près de papa. Mes frères et moi y avons veillé. Jacques et Arlette, qui partageaient leur existence, y auront leur place. Nos parents ne se sont jamais vraiment séparés et ils étaient très attachés au quartier où ils ont vécu presque toute leur vie. À Jarnac, la maison natale de tonton François, 22 rue Abel-Guy, a été reprise par la fondation qui porte son nom. Elle y a procédé à quelques travaux et on la retrouve telle que papa me la décrivait quand il me racontait son enfance. Tonton François est enterré au cimetière de Jarnac et tante Danielle à celui de Cluny. Tonton François aurait voulu reposer sur le mont Beuvray d'où l'on découvre les paysages de Bourgogne et tante Danielle était d'accord, mais une polémique mesquine les y a fait renoncer. Ils n'y attachaient sans doute pas beaucoup d'importance puisqu'ils sont revenus auprès de leurs familles d'origine et sont désormais éloignés l'un de l'autre. Je retourne régulièrement à La Boisserie, à la villa «l'Henriette», à la maison de Jarnac et chaque fois je repasse par le cimetière. Toutes ces maisons n'en forment plus qu'une seule pour moi, les tombes sont celles d'une même famille. Je sais que ce n'est pas vrai, bien sûr, pourtant personne ne pourra m'obliger à le reconnaître, elles m'appartiennent, je les ai reçues en héritage.

J'en ai acquis la certitude lors de cette première visite à La Boisserie que j'ai effectuée vingt ans après la mort du général de Gaulle, quand tonton

## Hivers

François était président de la République et qu'il avait décidé avec d'autres chefs d'État de mettre fin à l'agression de Saddam Hussein au Koweït.

Je traverse la Champagne en voiture pour me rendre à Colombey. C'est un pays étonnamment désertique de plateaux doucement ondulés qui resplendissent d'une lumière pâle sous le soleil radieux d'un bel hiver. Çà et là, dans des vallées étroites, reposent de rares villages comme clos sur eux-mêmes. Je pense aux multitudes d'hommes qui sont tombés sur cette terre crayeuse et désolée durant la Grande Guerre. Quel abandon, quelle solitude! Il n'y a personne sur la route. La guerre du Golfe s'est déclenchée durant la nuit et je suis les nouvelles à la radio; il n'est question que de «frappes chirurgicales» ou de «disparition de l'armée irakienne».

À Colombey, il n'y a pas d'étrangers en dehors de moi. Les rues sont vides, les petits magasins de souvenirs n'ont pas ouvert. Le portail de La Boisserie est entrebâillé; on fait des travaux de jardinage. J'entre, car je me suis conformé aux heures de visite. Je sonne. On entend des bruits à la cuisine, le déjeuner qu'on prépare. Un jeune homme ouvre, je dois lui paraître acceptable, à moins qu'il ne me prenne pour un familier des lieux: il disparaît vers son repas et je parcours la maison à ma guise. Enfin, je n'oserai pas monter au premier

## Une adolescence

étage, cela me gênerait de pénétrer dans la chambre du général de Gaulle ; je me contente des pièces du rez-de-chaussée, c'est bien assez. Le vestibule, la salle à manger à gauche, une pièce à droite si je me souviens bien, le salon, le bureau dans la partie que les de Gaulle ont fait rajouter après l'acquisition de la propriété. Je reconnais les meubles, les objets, les photographies et les livres dont j'ai lu les descriptions ou vu les images dans les magazines. La maison paraît plutôt imposante de l'extérieur, mais les proportions des pièces sont en fait assez modestes. Rien, absolument rien ne paraît avoir changé depuis vingt ans. Je retrouve la table de bridge, le poste de télévision, la lampe de mineur. Une chaîne symbolique barre l'accès au bureau du Général ; j'hésite un peu, mais comme personne ne contrôle mes mouvements et que je ne sais pas encore si je reviendrai jamais, je me glisse dans la pièce du «je découvre les lointains dans la direction du couchant. Au long de quinze kilomètres, aucune construction n'apparaît. Par-dessus la plaine et les bois, ma vue suit les longues pentes descendant vers la vallée de l'Aube, puis les hauteurs du versant opposé». Tout est désormais si calme et silencieux. Je ne m'assieds pas sur le fauteuil, je ne touche à rien, j'essaie seulement de regarder chaque chose avec un maximum d'attention pour qu'elle se fixe dans ma mémoire. Depuis les fenêtres, j'observe aussi le parc dont il a fait « quinze mille fois le tour » et peut-être plus encore si on compte les années qui ont suivi la rédaction des *Mémoires de guerre*. Pelouses bien ordonnées, mur d'enceinte, de grands arbres. Avec l'hiver, on remarque surtout les sapins qui sont des arbres sombres ; élancés et sombres. Je reste longtemps dans le bureau, ni gai ni triste, empreint d'une émotion diffuse que je ne saurais définir. Cette pièce ressemble à beaucoup d'autres que j'ai connues dans ma famille. Au fond, c'est peut-être cela qui me touche le plus. Je note les titres, les noms des auteurs sur les livres reliés ; mon grand-père lisait les mêmes et il est possible qu'ils soient brièvement annotés dans les marges. À la fin, le garçon de la cuisine se souvient de ma présence, j'entends son pas et il me découvre dans la pièce si modestement interdite. Il ne semble pas choqué, fait un peu le guide avec beaucoup de gentillesse. Je ne suis plus seul avec le général de Gaulle, je m'en vais après l'avoir remercié et sans oser lui donner un pourboire. Il paraît que beaucoup de gens visitent La Boisserie à la belle saison et qu'on ne sait même pas où garer les autocars. On se demande ce qu'ils peuvent bien voir ; c'est une maison de famille conçue pour quelques personnes seulement, habituées à vivre ensemble ; ils

## Une adolescence

vont sans doute au cimetière où on a le droit de prendre des photographies et à la croix de Lorraine sur la colline d'où on embrasse un panorama encore plus vaste. Je conseille plutôt l'hiver qui éloigne davantage Colombey du reste du monde. Moi, j'ai eu de la chance, c'était un matin de soleil et de grand hiver où l'Occident, oublieux, égoïste et aveugle, s'acharnait sur Bagdad puisqu'il n'y avait sans doute plus rien d'autre à faire.

# Table

Avant-propos.................................................... 11
1958 : Je suis gaulliste...................................... 13
1959 : Un secret entre le général de Gaulle
    et moi....................................................... 35
1960 : Le menhir.............................................. 57
1961 : L'Algérie, c'est chez nous que ça se
    passe......................................................... 71
1962 : Complots, armées secrètes et règlements
    de compte................................................. 87
1963 : Tonton François juste en dessous du
    Général..................................................... 99
1964 : Le mammouth increvable.................... 111
1965 : Tonton François est candidat............... 123
1966 : Mon Général autour du monde........... 141
1967 : L'Olympe vu de Montceau-les-Mines.... 151
1968 : Il n'y a pas d'amour heureux ............... 165
1969 : Ce qu'il me dit, une dernière fois......... 177

Hivers............................................................... 181

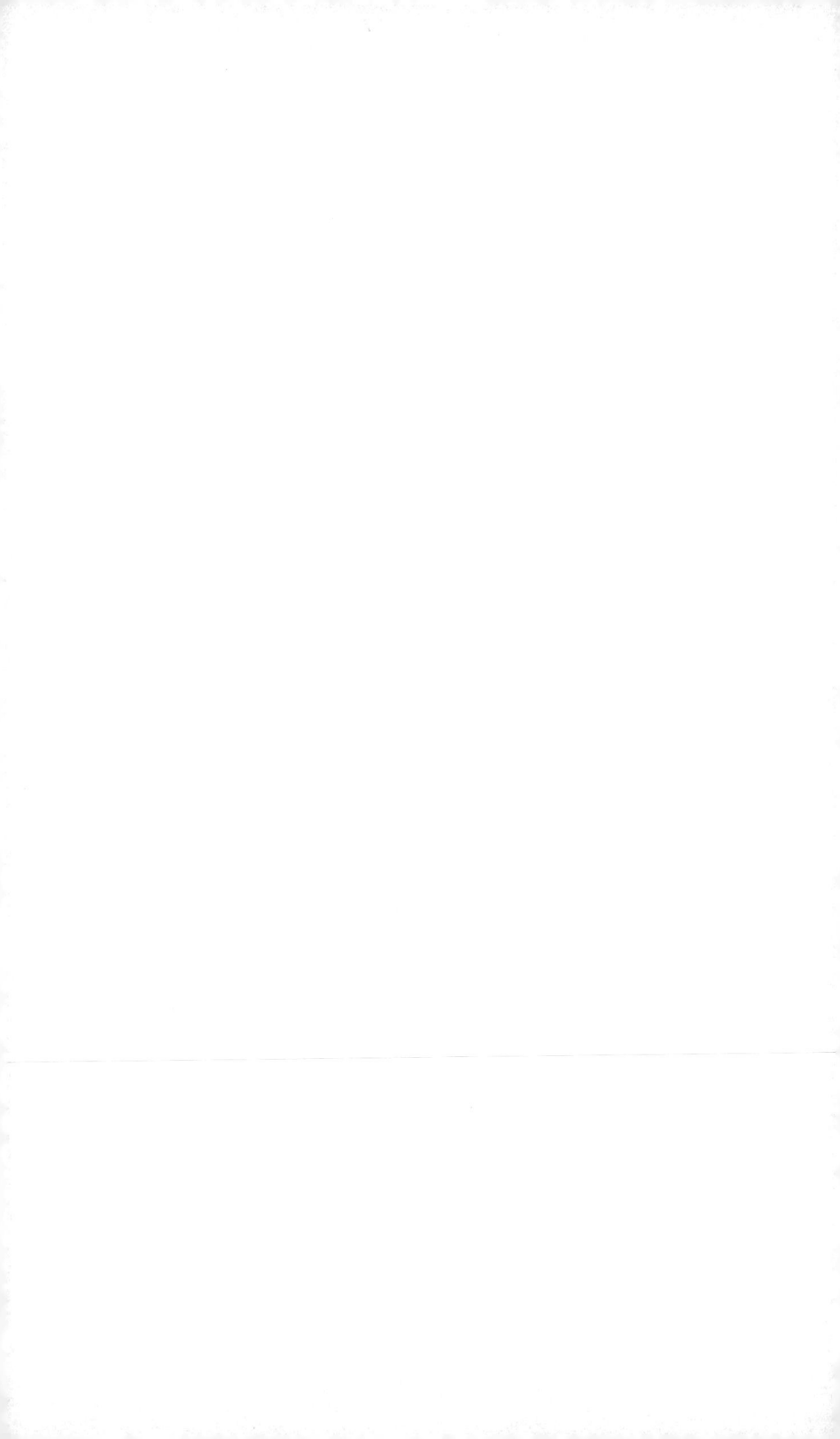

La photocomposition de cet ouvrage
a été réalisée par
GRAPHIC HAINAUT
59410 Anzin

Cet ouvrage a été imprimé
en février 2015 par

27650 Mesnil-sur-l'Estrée
N° d'édition : 54067/01
N° d'impression : 126199
Dépôt légal : mars 2015

*Imprimé en France*